警察现场处置技能与战术研究

李宁 / 著

图书在版编目（CIP）数据

警察现场处置技能与战术研究/李宁著. —北京：知识产权出版社，2019.7（2025.5重印）

ISBN 978-7-5130-6372-2

Ⅰ. ①警… Ⅱ. ①李… Ⅲ. ①警察—工作—研究—中国 Ⅳ. ①D631

中国版本图书馆 CIP 数据核字（2019）第 148700 号

内容提要

本书主要介绍了警察在现场处置过程中应具备的处置技能及战术方法，以相关技能知识为基础展开研究，提出压力环境下的综合训练方法。本书比较注重法律同技能使用及战术运用的结合，突破以往警察类书籍关于法律规定的写作方法，将法律部分按照原则、规定、责任等内容进行分析研究，更加通俗易懂。

责任编辑：龚　卫　　　　责任印制：刘译文
封面设计：张　冀

警察现场处置技能与战术研究
JINGCHA XIANCHANG CHUZHI JINENG YU ZHANSHU YANJIU
李　宁　著

出版发行	知识产权出版社有限责任公司	网　址	http://www.ipph.cn
电　话	010-82004826		http://www.laichushu.com
社　址	北京市海淀区气象路 50 号院	邮　编	100081
责编电话	010-82000860 转 8120	责编邮箱	laichushu@cnipr.com
发行电话	010-82000860 转 8101	发行传真	010-82000893
印　刷	北京建宏印刷有限公司	经　销	各大网上书店、新华书店及相关专业书店
开　本	880mm×1230mm　1/32	印　张	7.5
版　次	2019 年 7 月第 1 版	印　次	2025 年 5 月第 8 次印刷
字　数	182 千字	定　价	40.00 元
ISBN 978-7-5130-6372-2			

出版权专有　侵权必究
如有印装质量问题，本社负责调换。

前　言

警察是所有国家维护社会治安稳定、保护人民生命财产安全的防线，担任了绝大多数急难险重的工作任务，警察在工作中所面临的复杂现场环境及嫌疑人，不但对单个警察的技能及战术意识是一个考验，更是对整个处置小组的战术配合提出了极高的要求。每一名警察的单警技战术更强，才能提高团队的处置成功率，高效的团队处置成功率，才能够保证警察的最小伤亡，这个意识是每一名警察的核心意识。

本书针对这种战术意识的养成，将警察的培养大致分为法律法规的掌握、单警武器使用技能及单警战术的培养、小组战术的培养三大部分。笔者根据长期的一线工作经验总结发现，警察作为执法者，在工作中对相关法律的掌握不是特别全面、清晰，造成在使用武器时的迟疑和困惑，尤其是对使用武器后面临的程序问题更是一头雾水。因此本书以警察应掌握的法律法规为基础，使一切技能战术的使用建立在合法的基础上，打消警察在现场处置中的顾虑，再进一步开展相关武器使用技能的培养。

技能是战术的基础，只有在熟练掌握武器使用技能的基础之上，战术动作、战术配合及意识才能够逐渐形成。警察在训练过程中应明白，每一项技能的熟练掌握，每一个战术动作的意义都是为团队战术打下牢固的基础，没有人能够单枪匹马地处置任何一个现场，在处置过程中警察之间需要相互依靠、信任形成强大的战斗力。战术意识及团队战术配合的逐渐形成，可以使警察对单警战术动作的意义更加了解，有助于提高自身的战术能力及素养。

可以说，警察在现场处置过程中，需要将法律法规、单警技战术、团队战术有机地结合起来，才能使执法活动合理、合法、安全、有效。

警察的技能及战术应随着社会治安形势的变化而不断的改进、提升，本书只是笔者根据个人工作经验及教学经验总结了警察应该掌握的部分内容，由于能力有限，法律法规的总结及陈述可能还有不尽详细之处，需要在今后的工作中进一步提升，在实战中进一步丰富和发展。希望本书能够对警察的培养以及现场的执法工作起到一定的指导作用。

目 录

第一章　武器使用的法律基础 ………………………………… 001

第二章　武器基础知识 ………………………………………… 011
　　第一节　枪支基础知识 / 011
　　第二节　弹药基础知识 / 066
　　第三节　简易射击学原理 / 080

第三章　武器使用技能 ………………………………………… 089
　　第一节　手枪基础安全操作 / 089
　　第二节　长枪基础安全操作 / 099
　　第三节　基础射击 / 109
　　第四节　应用射击 / 119
　　第五节　暗条件下武器使用训练方法 / 125

第四章　单警战术 ……………………………………………… 133
　　第一节　单警战术要素 / 133
　　第二节　单警战术动作 / 151

第五章　队组战术 ································ 167
　　第一节　战术原则及常识 / 167
　　第二节　队组推进战术队形 / 176
　　第三节　队组搜索战术队形 / 179
　　第四节　通道搜索与冲房战术 / 182

第六章　实战战术运用 ································ 194
　　第一节　法律基础知识 / 194
　　第二节　盘查战术 / 203
　　第三节　抓捕战术 / 215
　　第四节　处突战术 / 219
　　第五节　遭遇战战术 / 226

参考文献 ································ 234

第一章 武器使用的法律基础

使用武器是代表国家履行职责的警察职权行为,是国家赋予警察的一项特殊权力。这种权力的设定是与警察的职责相适应的。警察使用武器,直接涉及公民的人身权利和生命安全,使用得当,可以有效地制止违法犯罪行为,保护公民的生命和财产安全;使用不当,就会直接侵犯公民的人身权利,以致剥夺其生命,给公民的人身安全和公私财产造成损害。

一、武器使用原则

《中华人民共和国人民警察使用警械和武器条例》(以下简称《条例》)第2条规定:"人民警察制止违法犯罪行为,可以采取强制手段;根据需要,可以依照本条例的规定使用警械;使用警械不能制止,或者不使用武器制止,可能发生严重危害后果的,可以依照本条例的规定使用武器。"第4条规定:"人民警察使用警械和武器,应当以制止违法犯罪行为,尽量减少人员伤亡、财产损失为原则。"第5条第2款规定:"人民警察不得违反本条例的规定使用警械和武器。"根据上述规定,人民警察使用武器时应当遵循以下原则。

(一) 保障警察履行职责、制止违法犯罪行为

这是警察使用武器的基本原则。根据警察职责任务的特殊性和危险性,法律赋予警察依法使用武器的权力。警察使用武器应当以制止违法犯罪行为为目的,而不应当以剥夺嫌疑人的生命或者损害其人身健康为目的。凡是不需要使用武器予以制止的违法犯罪行为,就不使用;能以对嫌疑人较轻的人身伤害为代价来制止违法犯罪行为的,就不能造成严重的伤害;能以伤害其身体来制止违法犯罪行为的,就不能剥夺其生命。

(二) 依法使用武器

警察使用武器须有特定的指向性,在制止、打击违法犯罪活动中,警察必须在法律、法规授权的范围内使用武器,不得使用武器从事非警务活动。

(三) 尽量减少人员伤亡、财产损失

警察在使用武器时,很可能危及他人的人身健康和生命安全或造成财产损失。因此,在使用武器时,应当十分谨慎,凡是能使用非致命性的警械予以制止的,就不使用致命性的武器,一旦达到制止违法犯罪行为的目的,就应当立即停止使用,避免造成不必要的伤害和损失。

(四) 保护公民合法权益原则

警察使用武器的目的是制止违法犯罪行为,保护公民的合法权益不受侵害。警察在使用武器时,要尽可能地指挥过往群众避让或将群众疏导到安全地带,在迫不得已需要开枪时应避免伤及无辜。

第一章 武器使用的法律基础

二、武器使用规定

（一）对无关人员警告

根据《条例》第6条的规定，人民警察在使用警械和武器前，为保护在场无关人员的安全，应当命令其迅速、及时地躲避。这既是警察的法定义务，也是使用武器前的程序。命令是指警察当场发出的口头指令，也可以是其他意思明确的手势、信号等方式。《条例》第6条同时规定："……在场无关人员应当服从人民警察的命令，避免受到伤害或者其他损失。"

（二）武器的使用

警察使用《条例》规定的武器，是指警察按照规定装备的枪支、弹药等致命性警用武器，主要有手枪、步枪、冲锋枪、机枪及各类弹药。使用武器是警察依照法律规定，使用规定装备的枪支、弹药等致命性武器，以制止正在实施的暴力犯罪行为。

1. 使用武器的条件

《条例》第9条规定：人民警察判明有下列暴力犯罪行为的紧急情形之一，经警告无效，可以使用武器：①放火、决水、爆炸等严重危害公共安全的；②劫持航空器、船舰、火车、机动车或者驾驶车、船等机动交通工具，故意危害公共安全的；③抢夺、抢劫枪支弹药、爆炸、剧毒等危险物品，严重危害公共安全的；④使用枪支、爆炸、剧毒等危险物品实施犯罪或者以使用枪支、爆炸、剧毒等危险物品相威胁实施犯罪的；⑤破坏军事、通信、交通、能源、防险等重要设施，足以对公共安全造成严重、紧迫危险的；⑥实施凶杀、劫持人质等暴力行为，危及公民生命安全的；⑦国家规定的警卫、守卫、警戒的对象和目标受到暴力袭击、破坏或者有受到暴力袭击、破坏的紧迫危险的;⑧结伙抢劫或者持械抢劫公私财物的;⑨聚众械斗、暴乱等严重破坏社会治安秩序,用其他方法不能制止的;⑩以暴力方法抗拒或者阻碍人民警察依法履行职责或者暴力袭击人民警察,危及人民警察生命安全的;⑪在押人犯、罪犯聚众骚乱、暴乱、行凶或者脱逃的;⑫劫夺在押人犯、罪犯的;⑬实施放火、决水、爆炸、凶杀、抢劫或者其他严重暴力犯罪行为后拒捕、逃跑的;⑭犯罪分子携带枪支、爆炸、剧毒等危险物品拒捕、逃跑的;⑮法律、行政法规规定可以使用武器的其他情形。

根据《条例》第 9 条规定的 15 种情形,警察在使用武器前,必须同时具备以下 4 个要素。

其一,判明。判明是指人民警察对现场发生的暴力犯罪行为和实施暴力犯罪行为人当场作出准确的判断和确认后,才能决定是否使用武器。如果客观上没有《条例》第 9 条规定的暴力犯罪行为的发生,或者警察在主观上没有对实施暴力犯罪行为的人有明确的认定,是不能使用武器的。

其二,暴力犯罪行为。暴力犯罪行为是指嫌疑人使用非法的暴力或者胁迫方法,对公民的生命、健康或者公共安全造成严重的、直接的危害行为。《条例》第 9 条第 1 款第①~⑭项所列的各种行为,都是暴力犯罪行为。

其三,紧急情形。所谓紧急情形,一是指嫌疑人实施的暴力犯罪行为正在产生危害后果,或者不加以制止必然会立即产生危害结果的情形;二是指警察现场若要采取其他手段,无法或者来不及立即制止这类暴力犯罪行为,而只能使用武器予以制止的情形。使用武器是警察的最后选择。

其四,警告无效。警告是指警察在使用武器前应当向嫌疑人发出警告,令其停止犯罪行为,服从命令。其目的包括:一是通过警告,迫使其停止正在实施的犯罪行为,以避免因使用武器造成的伤亡。二是警察一旦警告无效而被迫使用武器前,履行规定的程序。警察使用的警告包括口头警告或鸣枪警告。嫌疑人在经警告后停止实施犯罪,又没有抗拒逮捕或者逃跑的,警察不应使用武器。只有来不及警告或警告后可能导致更为严重危害后果的,警察才可以直接使用武器。

2. 直接使用武器

根据《条例》第9条第2款的规定,来不及警告或者警告后可能导致更为严重危害后果的,可以直接使用武器。这里的"来不及警告",是指犯罪行为已经或者即将造成严重的危害后果。而"警告后可能导致更为严重危害后果的"是指嫌疑人实施某种暴力犯罪行为过程中,与警察处于严重的对峙状态,准备铤而走险、负隅顽抗或者使用爆炸物品相威胁、劫持人质等情形时,如果发出警告,极有可能导致嫌疑人抢先行动,从而造成严重危害后果的发生。

3. 禁止使用武器的规定

《条例》第10条规定:"人民警察遇有下列情形之一的,不得使用武器:

发现实施犯罪的人为怀孕妇女、儿童的,但是使用枪支、爆炸、剧毒等危险物品实施暴力犯罪的除外;

犯罪分子处于群众聚集的场所或者存放大量易燃、易爆、剧毒、放射性等危险性物品的场所的,但是不使用武器予以制止,将发生更为严重危害后果的除外。"

《条例》第10条规定的两项不得使用武器的情形,是指如果在上述特殊条件下使用武器,将可能由于警察的自身原因,造成不应有的损害后果,因此规定不得使用武器。上述两项不得使用武器中的两个"例外",是指在特定的情形下,在没有其他方法可以制止嫌疑人的犯罪行为时,在力保不造成更大损害后果的前提下,仍然可以使用武器予以制止的特殊规定。

4. 停止使用武器

《条例》第11条规定:"人民警察遇有下列情形之一的,应当立即停止使用武器:

犯罪分子停止实施犯罪,服从人民警察命令的;

犯罪分子失去继续犯罪能力的。"

《条例》第11条规定了应当立即停止使用武器的两种情形。其含义包括:一是嫌疑人"停止实施犯罪行为",包括嫌疑人主动停止,由于其意志以外的原因或者由于警察使用武器迫使其停止实施犯罪的行为;二是嫌疑人"失去继续实施犯罪能力",包括嫌疑人由于意志以外的原因而丧失继续实施犯罪、拒捕、逃跑的能力。出现以上情况时,警察应当立即停止使用武器。但是,当嫌疑人虽然受伤,却并未完全丧失继续犯罪的能力,如果其仍然继续实施犯罪、反抗或者逃跑,用其他方法不能制止时,警察仍可使用武器予以制止。

5. 使用武器的程序

《公安机关人民警察现场制止违法犯罪行为操作规程》规定了警察使用武器的程序。该规程第31条中规定警察应当按照下列程序使用武器:

(1) 判明现场情况;

(2) 表明警察身份,出枪示警;情况紧急时,可以在出枪的同时表明身份;

(3) 命令在场无关人员躲避;

第一章 武器使用的法律基础

（4）命令犯罪行为人停止实施暴力犯罪行为，或者鸣枪警告；

（5）犯罪行为人在公安民警口头警告或者鸣枪警告后继续实施暴力行为的，可以对其使用武器；来不及警告或者警告后可能导致更为严重危害后果的，可以直接使用武器；

（6）犯罪行为人停止实施犯罪，服从公安民警命令，或者失去继续实施犯罪能力的，应当立即停止射击，并持枪戒备；

（7）在未确定危险消除前，应当继续保持持枪戒备；

（8）确认危险消除后，应当关闭枪支保险，收回枪支。

该规程又针对警告方式进行了说明，第32条中规定公安民警在使用武器时，遇有下列情形之一的，不得鸣枪警告：处于繁华地段、群众聚集的场所或者其他容易误伤他人的场所；明知或者应当明知存放有大量易燃、易爆、剧毒、放射性等危险物品的场所；鸣枪警告后可能导致危及公民或者公安民警人身安全等更为严重危害后果的情形。

6. 使用武器后的处置

《条例》第12条规定："人民警察使用武器造成犯罪分子或者无辜人员伤亡的，应当及时抢救受伤人员，保护现场，并立即向当地公安机关或者该人民警察所属机关报告。当地公安机关或者该人民警察所属机关接到报告后，应当及时进行勘验、调查，并及时通知当地人民检察院。当地公安机关或者该人民警察所属机关应当将犯罪分子或者无辜人员的伤亡情况，及时通知其家属或其所在单位。"

根据《条例》第12条的规定，警察使用武器后必须要做的善后处置工作包括以下内容：

（1）警察使用武器造成人员伤亡的，警察有义务全力抢救伤员、保护现场并立即向有关部门报告。这里所讲的伤员包括受伤的警察、无辜人员,也包括犯罪行为人。向有关部门报告是指向该警察所属或者执法对抗发生所在地县级以上公安机关报告。

(2) 上级有关部门在接到报告后,应当立即对现场的情况、有关警察、枪弹等进行勘验、调查,并应尽快通知当地人民检察院,以便依法接受检察机关的监督。

(3) 进行勘验、调查的公安机关,在查明伤亡者的基本情况后,应当尽快将其情况通知其家属。如果直接通知其家属有困难,则应该通知其所在单位予以转告。

(4) 警察使用武器后,必须如实、详细地将使用武器的情况向所属县级以上公安机关提交书面报告。书面报告大致包括以下几个方面的内容:

一是使用武器者的个人情况。包括武器使用者的个人基本情况和依法携带武器的情况等。

二是嫌疑人的情况。包括嫌疑人的基本情况、当时是否携带凶器的情况、现场的违法犯罪行为的表现情况等。

三是使用武器的事实过程。包括使用武器前对现场情况的判断、嫌疑人的暴力犯罪程度、是否采取了其他强制手段、效果如何、是否遵循了规定的四个要素、是否采取了疏散无关人员的措施,使用武器时的具体情况、发射的弹数、射击后的结果、控制或制服嫌疑人的情况等。

四是武器使用后的工作。包括是否立即采取了抢救伤员的措施、是否保护了现场、是否立即向上级有关部门报告(如何报告的、接受报告人的基本情况、如何答复的)以及其他相关情况等。

三、法律责任

根据《条例》第 14 条的规定,警察违法使用警械、武器,

第一章 武器使用的法律基础

造成不应有的人员伤亡、财产损失，构成犯罪的，依法追究刑事责任。尚不构成犯罪的，依法给予行政处罚。对受到伤亡或者财产损失的人员，由该警察所属机关依照《中华人民共和国国家赔偿法》（以下简称《国家赔偿法》）的有关规定给予赔偿。根据《条例》第15条的规定，警察依法使用警械、武器造成无辜人员伤亡或者财产损失的，由警察所属机关参照《国家赔偿法》的有关规定给予补偿。

《条例》第14条和第15条规定了警察使用警械和武器所应当承担的法律责任。它既突出了警察依法使用警械和武器受法律保护的原则，也体现了对公民合法权益的保护。警察在依法使用警械和武器时，造成伤亡、财产损失的，警察个人不应当承担任何法律责任，包括刑事责任、民事责任和行政责任。但是，警察在执行职务中违法使用警械和武器，造成伤亡或者财产损失的，应当承担相应的刑事责任、行政责任及民事责任。警察违法使用警械、武器的法律责任主要有刑事责任、行政责任和赔偿责任。

1. 刑事责任

警察违法使用警械、武器造成不应有的人员伤亡、财产损失，构成犯罪的，应当依法追究刑事责任。

2. 行政责任

警察违法使用警械、武器造成不应有的人员伤亡、财产损失，尚不构成犯罪的，依法给予行政处分。

3. 赔偿责任

对受到伤亡或者财产损失的人员，由该警察所属机关依照《国家赔偿法》的有关规定给予赔偿。

四、警察开枪后法律的程序

警察开枪后的法律程序见图 1-1-1。

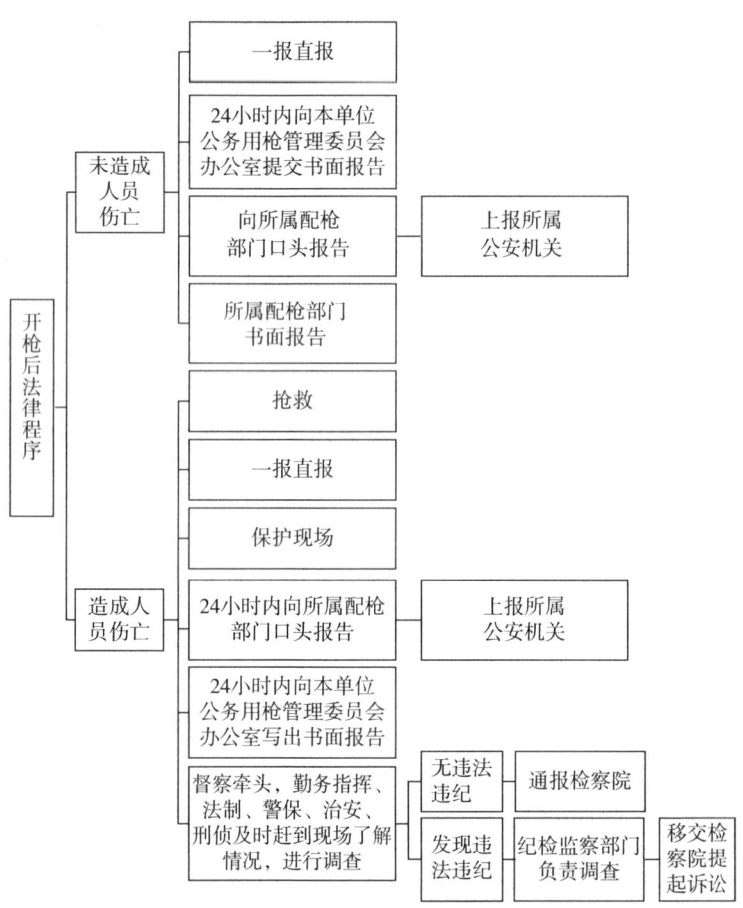

图 1-1-1 警察开枪后的法律程序

第二章
武器基础知识

第一节 枪支基础知识

警察了解手中武器的战斗性能,熟悉主要机件的名称与用途,对于正确使用武器具有非常重要的现实意义。

一、QSZ92 式 9 毫米手枪(见图 2-1-1)

图 2-1-1

QSZ92 式手枪是我国最新研制成的军、警用战斗手枪。该枪从 20 世纪 90 年代开始论证,1994 年正式批准研制,1998 年设计定型,简称"92 式"手枪。该枪装备于我军营以下军官、武警及特种兵,我军驻澳门部队率先装备该枪,现正逐步装备到公安系统。

(一) 特点

92式手枪具有以下特点。

1. 弹匣容弹量大,火力持续性强

该枪采用15发双排双进大容量弹匣,容弹量是原国产手枪的约2倍(54式、59式手枪弹匣容弹量为8发;64式、77式手枪弹匣容弹量为7发),从而使该枪的火力持续性增强。

2. 故障率低,可靠性好

该枪通过了各种环境模拟试验,高、低温分别达到+50℃和-45℃,扬尘和扬尘后淋雨、浸河水等,目前在国内外手枪中极其少有。使用故障率低于0.2%。

3. 侵彻力强,停止作用好,且无过分穿透

该枪的用弹弹头采用复合钢心结构,其侵彻力和杀伤力均优于9毫米普通巴拉贝鲁姆手枪弹。当击中有防护的有生目标后,弹头会产生偏转,终点创伤弹道将是一条不规则的空腔,给目标以重大创伤。弹头结构设计合理,能够在较低的速度中完成侵彻任务。该枪配备的9毫米低侵彻杀伤手枪弹能防止过分穿透。

4. 瞄准方便,后坐力小,射击精度好

92式手枪配有两种瞄准装置:一是配用简易机械瞄具(有荧光夜瞄点),瞄具简单可靠且便于夜间瞄准;二是设有激光瞄具接口,可安装激光瞄具,开创了国产手枪可实施激光瞄准的先例。

该枪采用了枪管短后坐回转的开闭锁方式,后坐能量在传递时被吸收了一部分,枪机运动撞击位于塑料握把里面的弹性支架时又被吸收了一部分,塑料握把本身还可吸收一些能量,

这样在射击时就不会引起全枪过大的、不舒适的振手和后坐。科学的能量传递、合理的结构布局，使得武器后坐得到较好的解决，大大提高了手枪射击的命中率。92式手枪的射击精度优于现有国产手枪。

5. 功能齐全，结构新颖，操作方便，人机工效好

（1）设有弹膛有弹指示和空仓挂机。手枪即使是在闭锁情况下，也可向射手提示膛内有无实弹；射击弹尽时，枪机停在后方位置，既可避免射手在无弹情况下仍瞄准击发，又使射手重新迅速装弹，为射手赢得战机和争取主动创造了条件。

（2）设有两种保险机构，安全保险，机动灵活。除有手动保险外，还有击针跌落保险。在非射击状态下，击针始终处于保险位置，即便手枪受到严重碰撞或无意识地从射手手中脱落，击针也仍处于保险状态；只有在扣动扳机时，才能释放击针，完成击发。只要射手手指不放在扳机上，武器就会自动处于保险状态，从而有效地避免了走火事故的发生。倘若执行紧急任务，也不必关上手动保险，一旦出现情况，食指扣动扳机就可实施射击。手动保险扳把置于枪身两侧，左右手均可操作，使用安全，击发快捷，动作简单。

（3）设有联动击发，首发射击开火迅速。92式手枪具有单动、联动双重功能。所谓联动击发，即射击时扣动一次扳机就可完成待击和击发。该枪首发弹射击时，射手不用预先扳动击锤，倘若万一出现瞎火，继续扣动就可立即补射，从而为射手争取了时间，提高了射击速度（联动功能）。首发弹射击后击锤就已经待击，扣动扳机便可释放击锤（单动功能）。

（4）采用整体塑料握把，重量轻且握持舒适。92式手枪由于采用了全塑料握把，避免了采用双排双进弹匣会带来握把加厚增重的可能，实现了增大不增重；握把的握围适应中国人的

手型,并尽可能地控制在最小范围内;握把两面及后侧铸有网状方格花纹,增大了射手射击时手掌与握把的摩擦系数;握把上部设置成了深凹形,避免了 54 式手枪射击时常出现的击锤压迫虎口的现象,单手、双手握持都十分舒适。

各种考核和试验表明,92 式手枪设计合理、性能先进、结构简单新颖、可靠性高、造型美观大方、操作方便、人机工效好。该枪采用了新结构、新材料、新工艺,已具备了一支高质量战斗手枪所需的功能,其主要性能(重量、射击精度、侵彻力、杀伤力、可靠性、机动性、勤务性)处于 20 世纪 90 年代国际同类武器的领先水平。

(二) 性能

1. 战斗性能

92 式手枪可火力杀伤 50 米以内的单个生动目标。该枪设计新颖、结构合理、精度好、可靠性高、威力大、重量轻、外形美观大方。全枪采用单元化组件形式,勤务性好,握持舒适,人机工效好。

2. 主要诸元

口径:9 毫米。

射击方式:半自动。

战斗射速:30 发/分。

供弹方式:弹匣双排供弹。

弹匣容弹量:15 发。

枪全重(含一个空弹匣):0.76 千克。

长×宽×高:190 毫米×35 毫米×135 毫米。

准星:矩形(荧光点)。

照门:方形缺口(荧光点)。

第二章 武器基础知识

寿命：3000 发。

瞄准基线长：152 毫米。

初速：350 米/秒。

有效射程：50 米。

使用弹种：92 式 9 毫米普通弹和 9×19 巴拉贝鲁姆手枪弹。

（三）主要机件名称、用途及自动原理

92 式手枪由枪机部分、发射机组件、握把组件、弹匣组件四大部分组成（见图 2-1-2）。

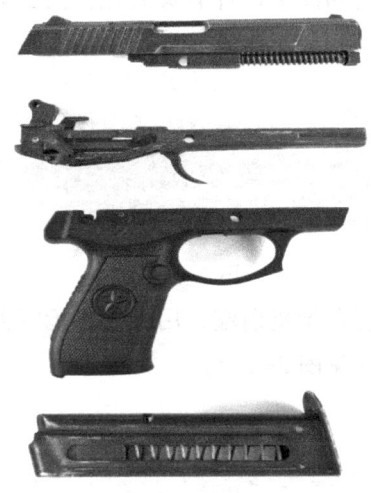

图 2-1-2

1. 枪机部分（图 2-1-3）

枪机部分是枪管和击发机构的载体，作为闭锁机构的支撑体，完成枪弹的发射。

图 2-1-3

(1) 枪机外部机件。

瞄准具：照门与准星配合瞄准目标，赋予手枪一定的射角和射向。该枪照门和准星设计有荧光点，便于射手在光线不足时瞄准（见图 2-1-4）。

图 2-1-4

枪管套：安装在枪机前端，用于规正枪管方向，同时作为复进机的前支座（见图 2-1-5）。

图 2-1-5

(2) 枪机内部机件。

枪管：提供火药燃烧场所，与火药气体配合，赋予弹丸一定的初速、旋速及飞行方向。整体枪管镀铬，有 6 条膛线，采用宽阴线结构，增强枪弹飞行的平稳性，提高了射击精度（见

图2-1-6)。

图2-1-6

复进簧:完成自动机复进和闭锁,同时完成枪机后坐过程中的降速;另外作为空仓挂机的复位簧,完成空仓挂机(见图2-1-7)。

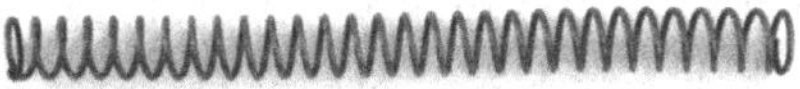

图2-1-7

复进簧导管:规正复进簧,并为复进簧压缩、伸展提供路径(见图2-1-8)。

图2-1-8

连接座:完成枪管的开闭锁、回转,并作为枪机后坐到位的撞击体(见图2-1-9)。

图 2-1-9

击针：在击锤的打击下前冲，撞击枪弹底火，击发枪弹。

击针保险簧：作用于击针保险轴，将击针卡在后方，使其不能再向前移动。

击针保险轴：通过击针保险簧的作用，卡入击针横槽内，将击针锁在后方，完成击针保险。

回针簧：击针完成一次击发后，在回针簧的作用下，自动返回待机位置，完成击针击发后的复位。

2. 发射机组件（见图 2-1-10）

图 2-1-10

发射机座：是射击机构、保险机构的机体，也是运动部件的机座。它将发射机构各组装件容于一身，完成总体结合，部件拆装不需要专用工具。

扳机：人与发射机构的接口，通过扣扳机完成射击。

扳机簧：完成扳机和拉杆复位。

扳机击锤轴：定位击锤部件和拉杆部件。

拉杆：在外力的作用下解脱阻铁，释放击锤，完成枪弹射击。

拉杆轴：连接拉杆和扳机。

击锤：其作用是打击击针，完成击发。

击锤簧：为击锤回转提供能量，又是保险定位簧。

击锤簧顶销：击锤与击锤簧之间的传力件，规正击锤能量的作用方向。

击锤簧座：完成击锤簧能量转换并作用于保险定位件。

3. 握把组件（见图2-1-11）

握把是手枪的核心部件之一，是其他部件的载体，采用整体铸塑，并具有减振和缓冲作用；保险扳把和弹匣扣可根据需要更换安装方向，便于安装和左右手使用。

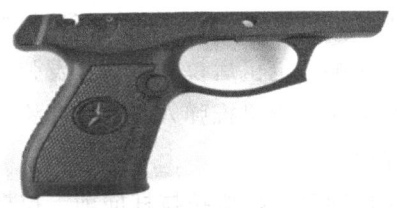

图 2-1-11

保险：锁住击锤、扳机和枪机，从而使操作安全可靠。

弹匣扣：定位弹匣。

4. 弹匣组件（见图2-1-12）

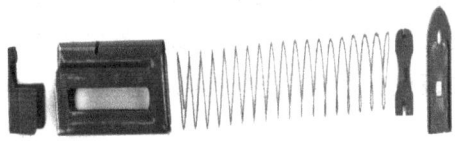

图 2-1-12

托弹板：枪弹支撑件，确保枪弹在弹匣正确排列，并具有空仓挂机功能。

弹匣体：弹匣主体，弹匣两壁的内侧采用前后导弹机，以减小供弹过程中的摩擦力，压弹方便迅速。

托弹簧：赋予枪弹一定作用力，确保射击过程中的供弹可靠性。

托弹簧底板：定位托弹簧限位弹匣盖。

弹匣盖：封闭弹匣盖底端。

5. 半自动原理

将装有实弹的弹匣由握把下方装入，并由弹匣扣扣住，拉枪机向后，枪机压倒击锤（此前可扳击锤向后），击锤推拉杆向前，同时枪机压单发杠杆回转，单发杠杆压拉杆向下，枪管后坐回转，复进簧压缩，枪机后拉到位，首发弹达到最高位。松开枪机，复进簧伸张，枪机推弹入膛，拉壳钩张开抱弹，枪管回转闭锁，复进到位。

食指扣压扳机向后，扳机拉拉杆向前，拉杆带动击发杠杆回转，击发杠杆顶端推击针保险轴向上，解脱击针保险后，击针杠杆下端抵开阻铁，阻铁释放击锤，击锤向前回转打击击针，击针前冲，击发枪弹。枪机在火药气体作用下后坐，弹壳被拉壳钩抱住，随枪机一起后坐，到达抛壳厅，抛壳厅顶弹壳底缘，弹壳从抛壳口抛出，枪机继续后坐到位。枪机后坐到位后，下一发弹达到最高位，枪机在复进簧作用下，向前推弹入膛，枪机推枪管回转，复进到位，完成送弹。若要再次发射，必须松开扳机，再扣扳机，直至呈空仓挂机状态。

二、GA/WQZ2005-902005 式 9 毫米警用转轮手枪（见图 2-1-13）

2005 式 9 毫米警用转轮手枪武器系统是公安部根据公安机关实战需要，自主研发的一种新型武器系统。该系统于 2001 年 6 月正式开始研制，2005 年 12 月完成技术鉴定，2006 年 6 月开始公安队伍试用，2008 年 7 月正式列入警用装备序列。

图 2-1-13

（一）特点

2005 式 9 毫米警用转轮手枪武器系统具有以下特点：一是可发射非致命性的橡皮弹和低侵彻杀伤性的普通弹；二是射击精度高、故障率低、机动性好；三是保险齐全，安全性好，设有跌落保险、转轮不到位保险及操作方便的强制保险；四是可联动快速击发，可迈越哑弹射击；五是手枪设有余弹观察孔、附件接口和枪纲接口，配套器材齐全；六是外形设计舒展流畅、庄重大方，有威慑力，握持舒适。

（二）性能

1. 战斗性能

2005 式 9 毫米警用转轮手枪武器系统是一种新型自卫和防

暴武器系统，可根据不同需要发射普通弹和橡皮弹。执行的主要战术任务是：制服50米内犯罪嫌疑分子；驱散50米内非法聚众闹事人群；对50米内有生目标有杀伤作用等。

2. 主要诸元

口径：9毫米。

全枪质量：≤0.7千克。

全枪长：≤190毫米。

弹仓容量：6发。

射击方式：单动/联动。

有效射程：≥50米。

初速：（220±15）米/秒（普通弹）。

射击精度：R50≤5.0厘米（普通弹）。

R100≤12.5厘米（普通弹）。

R50≤12.5厘米（橡皮弹）。

故障率：≤0.1%。

全枪寿命：≥3000发。

使用环境温度：-45~+50℃。

(三) 主要机件名称、用途及自动原理

2005式9毫米警用转轮手枪武器系统包括2005式9毫米警用转轮手枪、2005式9毫米警用转轮手枪普通弹、2005式9毫米警用转轮手枪橡皮弹和配套器材。

1. 枪支标志（见图2-1-14）

9毫米转轮手枪的标志均刻印在枪身上，包含枪号、生产工厂标志和警徽。枪号和生产工厂标志刻印在枪身的左侧，警徽刻印在枪身的右侧。标志中的枪号是唯一的，便于枪支管理及产品质量跟踪。

第二章 武器基础知识

图 2-1-14

2. 组件名称

9毫米转轮手枪由枪身组件、转轮组件、枪管套部件、击锤部件、盖板部件、右护板部件、扳机部件、扳机簧座部件、左护板部件、棘爪部件、推杆部件、转轮支架部件、转轮部件等组成,全枪共有67种零部件(见图2-1-15)。

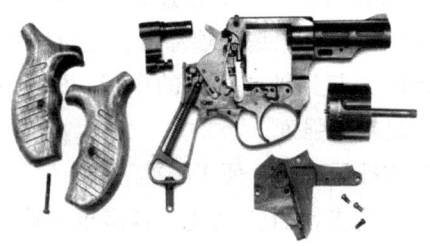

图 2-1-15

(1) 枪身组件。

枪身组件主要包括枪体把、枪管、照门、击针、推柄、推杆、强制保险、枪纲栓等零部件(见图2-1-16)。

警察现场处置技能与战术研究

图 2-1-16

枪体把：枪体把为全枪的主体，用于连接全枪各零部件，便于操作。

枪管：枪管的作用是赋予弹丸确定的性能，使弹丸获得一定的初速、一定的转速和射手瞄准所确定的射角。9 毫米警用转轮手枪枪管采用三种结构同枪身相连接：一是螺纹部分，起到连接和承受载荷的作用；二是光轴部分，定位确保同轴度要求；三是光轴端面台阶，起到轴向定位的作用。此结构既保证了同轴度，又保证了足够的强度。

照门：照门和准星配合，便于瞄准。

击针：用以承受击锤打击动能，打击枪弹底火，发射枪弹的弹丸。9 毫米警用转轮手枪采用内置式击针结构，前后方定位牢固，加工装配简单，击发可靠性好。击针前撞击面有击针垫圈，避免击针与枪身直接撞击；击针后端面定位靠击针套实现，击针套采用螺纹连接，后端凹入枪身，同时设有击针套挡块，防止击针套松动后窜。击针采用钛合金 TC4，它的优点是耐冲击性能好，能承受大量的冲击击发。

推杆、推柄：推杆向前移动，顶出转轮中心轴，解脱处于击发位置的转轮，以便于打开转轮；前移的推杆后端台面阻止了击锤的转动,实现了不到位保险。推杆移动靠推动固定在推杆上的推柄完成。

强制保险:击锤的前端面和枪体把打击面之间设有垫块,使击锤打击不到击针,从而实现保险功能。当射手携枪运动或在其他枪支不能出现"走火"情况下,应使用强制保险。

枪纲栓:枪纲栓是枪纲的连接口,可有效保证持枪人员对枪械的控制,防止枪械丢失以及受到劫持。

(2) 转轮组件(见图2-1-17)。

转轮组件由退壳轴、转轮支架部件、挡圈、退壳簧、中心轴簧、转轮、退壳挺、中心轴等组成。转轮是手枪的重要零件。转轮容纳枪弹,射击时绕中心轴转动,完成依次供弹;射击后打开转轮支架,实现退壳和装填新枪弹。

图2-1-17

(3) 枪管套部件(见图2-1-18)。

枪管套部件由枪管套、前定位杆、固定销、前定位杆簧等组成。枪管套在枪管上,为武器提供准星,也为转轮中心轴及退壳挺提供支撑,还为手枪的辅助装备提供接口。

图 2-1-18

(4) 击锤部件。

击锤部件主要由联动齿、联动齿簧、轴、击锤、击锤销组成。击锤是武器的重要零件,靠击锤簧的能量,打击击针,实现击发枪弹。

(5) 扳机簧座部件。

扳机簧座部件由扳机复位簧、复位簧座、跌落保险等组成。扳机簧座内套扳机复位簧,簧座向后运动压缩扳机复位簧;在复位时,簧座上面的凸起带动击锤从击发后的位置回转到垂直待发位置。在簧座上安装了跌落保险。

(6) 扳机部件

扳机部件主要由扳机、棘爪簧、扳机推杆轴、轴、棘爪部件、扳机推杆等组成。扳机推杆、扳机是手枪用食指扣动击发的重要零件。扳机转动压下限位块,解除对转轮的定位,通过推动棘爪推动转轮旋转;联动时,与击锤及联动齿啮合,带动击锤回转;单动时,与击锤扣合,以备单动击发;压缩扳机复位簧,以备回位。棘爪在武器中间上下移动,推动转轮转动,在棘爪簧的作用下,棘爪始终作用在转轮的后端面上。

3. 主要机构及动作

（1）击发发射机构。

两种击发方式完成射击动作。单动击发主动件为击锤，扳压击锤，带动扳机回转，实现转轮转动（供弹）及扣合击锤的动作，击发时扣压扳机；联动动作的主动件为扳机，扣动扳机，带动转轮转动，实现供弹并压倒击锤，打击击针。

（2）保险机构。

9毫米警用转轮手枪具有三种不同的作用机构的保险装置，以实现使用、保存、携行安全可靠。

①跌落保险。

9毫米警用转轮手枪设计了跌落保险机构。碰到转轮手枪意外的跌落情况，由于惯性作用，击锤带动扳机簧座向后移动，而跌落保险靠扳机簧座带动，此时只要簧座没后移到位，武器始终处于保险状态，即击锤只有在回转足够大的角度时才能解脱该保险机构，也就是说只有当手枪跌落后的惯性力达到扣动扳机的程度，方可击发枪弹，达不到这种程度，该保险使击锤打击不到击针，从而保证了使用的安全性。试验证明，当手枪从1.5米高度上跌落时，惯性力作用仍不能解脱保险。

②强制保险。

该保险机构属转轮手枪的独创机构。转轮手枪在使用过程中，尤其在单动待发状态时，不安全隐患表现得更为突出。由于单动待发时扳机的扣合力比较小（一般为10~20牛顿），此时因使用者的操作不慎或其他因素就可能引起"走火"。另外，转轮手枪从单动待发状态转换到放倒击锤，结束使用时，若操作不慎也可能引起"走火"。为了避免转轮手枪使用、维护过程中的不安全因素，9毫米警用转轮手枪采用强制保险机构。采取的技术方案是增设强制保险机构、转动保险扳把，利用内部垫块厚度的不同,实现射击和保险两种功能。保险时,垫块尺寸厚度较大,且处于击锤和打击面之间,防止击锤直接打击到击针,实现强制保险。使用者在携行、保存枪支及取消单动待发时可使用此保险,保证了使用的安全性。

③不到位保险。

转轮手枪的枪管和弹膛采用分离的特殊结构形式,装弹和退壳都需要将转轮转出,因此要求在保证转轮相对位置准确、转动灵活的同时还要可靠击发。针对这一问题,9毫米警用转轮手枪设计了不到位保险,其作用是在转轮转出进行退壳或装弹及转轮合膛不到位时,击锤被限制、无法回转,实现不到位保险。只有转轮合膛到正确位置即击发位置时,此保险才能解除。该机构保证了发射的安全性。

4. 余弹观察机构

9毫米警用转轮手枪设置了余弹显示机构,采取的技术方案是在枪身上闭锁挡片的相应位置设置余弹观察孔。由于转轮手枪的循环动作是在扣动扳机的过程中完成的,即将发射出去的弹丸不是与枪管正对的弹膛中的枪弹,而是其顺时针方向的次一发弹(转轮手枪又俗称"左轮手枪",其弹膛沿逆时针方向供弹),因此在该位置上的下一发弹的底火所对应的位置预留观察孔,即可通过观察底火的形状、状态方便地掌握余弹的情况(见图2-1-19)。

图 2-1-19

第二章 武器基础知识

（四）配套器材的构造与使用

9毫米转轮手枪的配套器材是9毫米转轮手枪武器系统的重要组成部分，主要包括枪套、装弹具、擦枪工具、枪绳和激光照准器。

1. 枪套

9毫米转轮手枪配用的枪套有普通枪套和防抢枪套两种。

（1）主要技术参数。

重量：≤0.15千克（普通枪套）；

≤0.22千克（防抢枪套）。

使用寿命：≥3年。

外观：美观大方、与单警装备协调一致。

人机工效：作用可靠、携行方便、装取快捷。

使用环境：-30~+50℃，可在各种自然条件下使用。

有效储存年限：≥5年。

（2）普通枪套（见图2-1-20）。

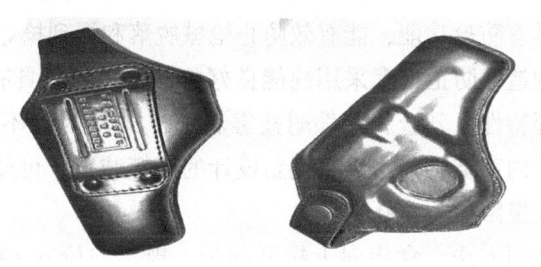

图2-1-20

①作用。9毫米转轮手枪配用的普通枪套外形舒展流畅，美观大方，整体轻巧，携行方便。后背祥的设计为内、外腰带两用配挂式，民警可根据执行任务的需要自行选择。

②构造与用途。普通枪套由枪套身、扣带和后背祥组成。

③使用方法。将手枪插入枪套内,扣紧枪套扣带。使用枪支时,用右手拇指和食指夹住前扣带头部,用力把扣拉开,然后右手握住枪柄,手枪即可出套。

枪套使用时禁止水浸和长时间淋雨,否则质量会受到影响,导致使用寿命缩短。禁止枪套接触化学试剂,禁止锋利器具刻刮枪套,避免枪套表面受损,影响外观。

(3) 防抢枪套 (见图2-1-21)。

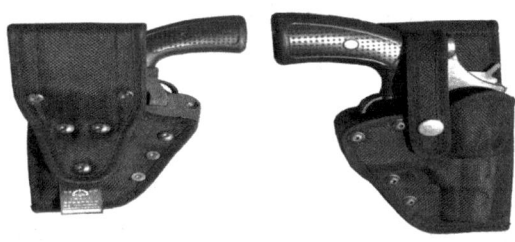

图 2-1-21

①作用。9毫米转轮手枪防抢枪套除具有普通枪套的功能外,还具有防抢功能,能有效防止枪械脱落和受到抢夺。

②构造。防抢枪套采用性能良好的新型材料,具有耐摩擦、耐汗渍等特性。其金属配件耐盐雾腐蚀,24小时内不起泡,无锈蚀物。内部结构采用独特创新设计的闭锁装置,可使用10000次,最大极限拉力400牛顿。

③使用方法。食指向上拨开扣带,拇指向枪柄方向压闭锁柄,余指紧握枪柄,同时用力上提,即可快速拔出枪械。

第二章 武器基础知识

2. 装弹具（见图 2-1-22）

图 2-1-22

（1）主要技术参数。

全重：≤179 克（装弹器≤22 克，装弹器套≤135 克）。

尺寸规格：装弹器（圆高）≤φ3831（毫米）；
　　　　　装弹器套（长宽高）≤907575（毫米）。

种类：普通弹装弹器（红色，内装 6 发）；
　　　橡皮弹装弹器（黑色，内装 6 发）。

使用寿命：≥5 年。

无损落高：≤1.5 米（水泥地面，三个方向，不带套装弹跌落）。

人机工效：卡弹牢固，卸弹快捷，装取方便，弹套结合紧密。

外观：与单警装备协调一致。

使用温度范围：-30~+50℃。

有效储存年限：≥5 年。

（2）作用。9 毫米转轮手枪配用的装弹具主要作用是在执行任务时加快装弹速度。

（3）构造。9 毫米转轮手枪配套的装弹具包括一个装弹器套、一个黑色装弹器和一个红色装弹器。红色装弹器配装 9 毫米转轮手枪普通弹，黑色装弹器配装 9 毫米转轮手枪橡皮弹，两种装弹器可通过触摸手柄区分。

(4)使用方法。

装弹器上有6个容弹孔,装弹时先将手柄旋到"开"位置,将6发弹弹底朝下放入容弹孔内,然后旋转手柄至"关"位置,子弹即被固定在装弹器内。使用装弹器装弹时,先将枪管向下,推动推柄,转出转轮,将弹头对准转轮弹膛,再将手柄旋转至"开"位置,6发子弹被释放,子弹装入弹膛。

3. 擦枪工具(见图2-1-23)

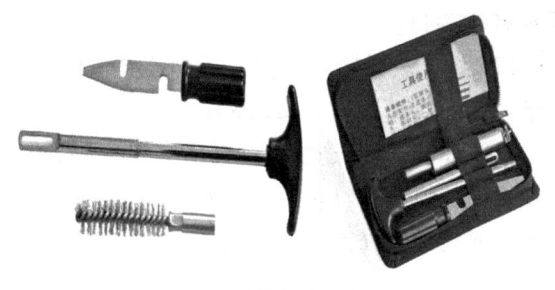

图2-1-23

(1)主要技术参数。

全重:≤90克。

使用温度范围:-30~+50℃。

有效储存年限:≥5年。

(2)作用。擦枪工具主要用于枪械的分解、结合、擦拭、涂油及故障排除等。

(3)组成。擦枪工具由多用改锥、通条头、通条杆、铜丝刷、套管及说明书组成。所有的工具都放置在方便携带的工具包内。

(4)使用方法。

①多用改锥。多用改锥主要用于拆装转轮手枪上的螺钉,完成对转轮手枪的不完全分解;也可通过带动棉纱条,对转轮

第二章 武器基础知识

手枪难以擦拭的地方进行擦拭和涂油。多用改锥上的缺口还可用于完成铜丝刷与通条头的拆装。

②通条杆。通条杆连接铜丝刷或通条头,便于对枪械进行擦拭和涂油。

③铜丝刷。铜丝刷用于清除对枪管内膛、转轮弹膛、枪管尾端和转轮前端的火药残渣堆积物。

④通条头。通条头用于固定棉纱条,带动棉纱条擦洗枪管内膛和转轮弹膛,并为枪管和转轮弹膛涂油。

4. 激光照准器(见图 2-1-24)

图 2-1-24

(1) 主要技术参数。

全重:≤70 克。

全长:≤65 毫米。

激光输出功率:≤5mW。

束散角:≤1.5mrad。

波长:650nm。

作用距离:≥25 米(背景照度 1lx)。

电源:CR1/3N 钮电池。

电源持续工作时间:≥3 小时(常温)。

角度调整量：高低、方向±15mil。

零位走动量：≤2.5mil（含重复装夹精度）。

使用温度范围：-30~+50℃。

防霉、防雾、防锈蚀性能：良好。

配套性：与枪结合牢靠，装卸方便。

可靠性：开关次数≥1000次。

有效储存年限：≥5年。

（2）作用。激光照准器主要用于指示目标，同时对犯罪分子（或嫌疑人）具有威慑作用。该激光照准器发射的激光功率较小，不会对人体产生危害。

（3）构造。激光照准器由电池仓、激光器、调节装置和锁紧装置等组成。

（4）使用方法。

①安装。激光照准器通过导轨安装在转轮手枪相应的导轨槽中，安装到位后，拧紧锁紧螺母便可使用。按压开关，照准器发出红色激光，照准目标，在目标体上产生红色激光点。射击时，弹着点与红色激光点一致。

②调节。激光照准器设置有方向、高低调节装置，可以实现两个方向的精确调节，调节精度高，并有防止零位走动的措施。

激光照准器是精密的光学仪器，使用时应轻拿轻放；若外露玻璃表面有灰尘，应用柔软绒布擦拭干净；不用时应保持清洁，关闭开关电源，若长期存放，应将电池取出。

三、QBZ95式5.8毫米自动步枪（见图2-1-25）

1995式5.8毫米自动步枪与1995式5.8毫米轻机枪组成1995式5.8毫米班用枪族，其活动机件、机匣及供弹具等均可互换通用。枪族采用无托结构,具有长度短、重量轻、射击精度高、造型美观等特点。

图 2-1-25

(一)性能

1. 战斗性能

95 式自动步枪对单个目标在 400 米内射击效果最好,必要时,还可加挂枪挂式防暴榴弹发射器,发射 35 毫米系列防暴榴弹,表尺射程 350 米,最大射程 360 米。

发射方式:单发射、短点射(2~5 发)和长点射(6~10 发)。

战斗射速:点射 100 发/分钟,单发射 40 发/分钟。

理论射速:650 发/分钟。

侵彻力:使用 1987 式普通弹在 300 米距离上能射穿 10 毫米厚的 A3 钢板;在 600 米距离上,在贯穿 2 毫米厚的冷轧钢板后,仍能贯穿 14 厘米厚的松木板。

2. 主要诸元

口径:5.8 毫米。

表尺射程:500 米。

表尺分划:1、3、5。

瞄准基线长:325 毫米。

全枪重量：≤3.5千克。

弹匣（鼓）质量：空弹匣为0.16千克，装30发枪弹为0.54千克。

枪全长：746毫米（不带刺刀）。

全枪寿命：10000发。

理论射速：每分钟730~770发。

初速：920米/秒。

刺刀质量：0.35千克。

刀鞘质量：0.25千克。

(二) 主要机件名称、用途及自动原理

1. 主要机件名称及用途

95式自动步枪由刺刀（匕首）、枪管、瞄准具、导气装置、机匣、枪机、复进机、击发机、弹匣和枪托10大部分组成（见图2-1-26），另有一套附品。

图2-1-26

（1）刺刀：由刺刀和刀鞘组成，是枪族通用的多功能刺刀。刺刀上有刀柄、刀体、刀环、卡榫等。刺刀具有刺、砍、削、锯、锉等功能，与刀鞘配合可作剪刀；刀鞘上设有改锥和罐头

第二章 武器基础知识

及瓶盖的开刀,侧面还有一块磨刀石(见图2-1-27)。

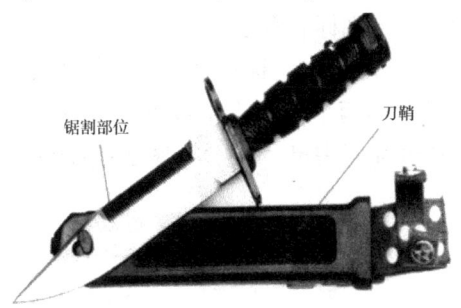

图 2-1-27

(2)枪管:枪口处有枪口装置,用于减小发射时枪口的跳动和火焰,并与后定位器配合,作为枪榴弹发射器及刺刀连接座使用。管外面有上护盖、下护盖。下护盖上有握把、小握把和扳机护圈,握把内有附品筒巢,盛装附品筒(见图2-1-28)。

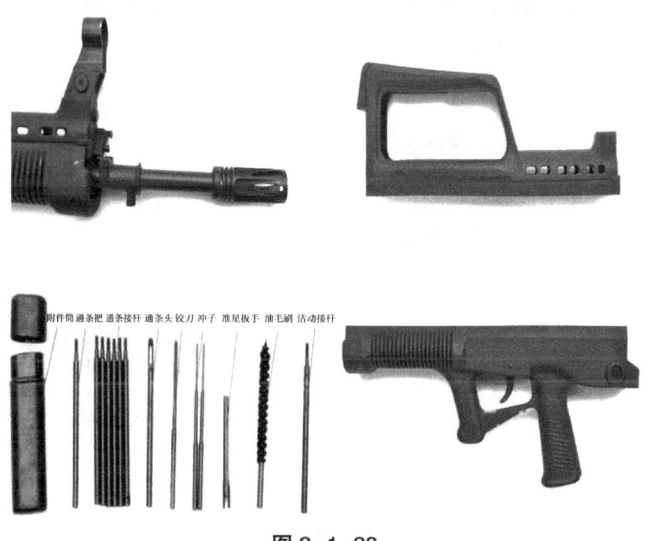

图 2-1-28

(3)瞄准具：表尺采用觇孔型照门和翻转型表尺结构。表尺上有三个觇孔，分别标有数字"1""3""5"，表示100米、300米、500米的表尺距离；标有"0"的表尺板上有一个荧光点，与准星护圈上的两个荧光点组成准星、觇孔倒置式简易夜瞄装置，其弹道性能同表尺"3"（见图2-1-29）。

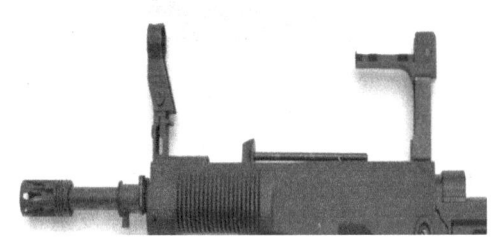

图2-1-29

(4)导气装置：由导气箍、活塞、活塞簧及气体调节器组成（见图2-1-30）。

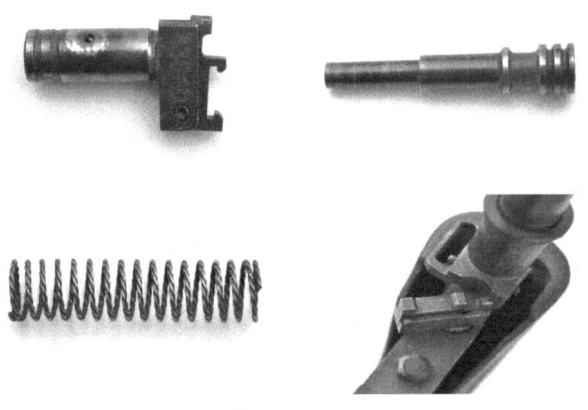

图2-1-30

（5）机匣：连接全枪各部件成一整体，引导枪机、枪机框前后运动，与枪机配合闭锁枪膛（见图2-1-31）。

图2-1-31

（6）枪机：用于推弹进膛、闭锁枪膛、击发火帽和退出弹壳，由机体、击针及拉壳钩组成（见图2-1-32）。

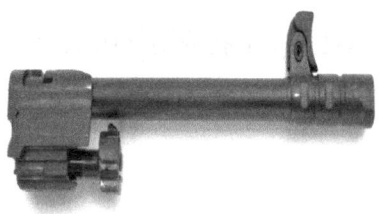

图2-1-32

（7）复进机：用以使枪机回到前方位置，由复进簧、复进机座组成（见图2-1-33）。

图2-1-33

(8) 击发机：用于控制待发、操纵击发和保险（见图 2-1-34）。

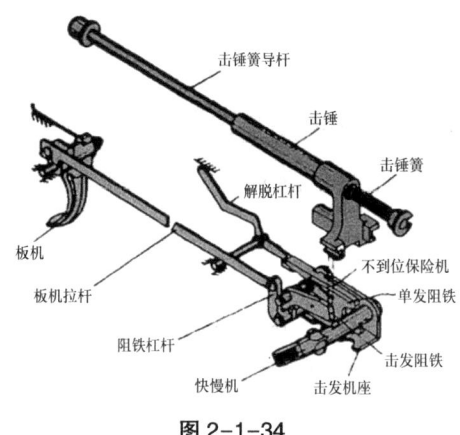

图 2-1-34

(9) 弹匣：弹匣上 3 个孔分别标明 10 发、20 发、30 发的弹数（见图 2-1-35）。

图 2-1-35

(10) 枪托：内部有杠杆式缓冲器，与后端的变刚度托底板组成双缓冲机构；以降低武器的后坐能量；枪托上还有抛壳窗（见图 2-1-36）。

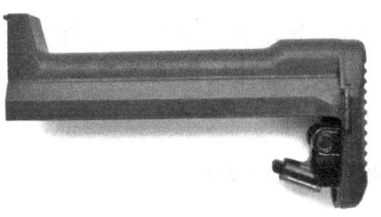

图 2-1-36

（11）附品：包括通条接杆（7根）、通条头、铣杆、冲子、油刷、准星扳手、附品筒、油壶、背带、弹匣。

2. 自动原理

发射时利用从枪管侧孔导出的火药气体的能量，推枪机框带动枪机后退，完成自动动作。机头回转闭锁、平移击锤式击发机，弹匣供弹，杠杆式枪机缓冲塞。自动步枪与轻机枪均能完成连发（全自动）及单发（半自动）射击。

四、QBU88式5.8毫米狙击步枪（见图2-1-37）

图 2-1-37

QBU88式5.8毫米狙击步枪是我国独立研制的第一支小口径狙击步枪。该枪具有优良的战术性能,射击精度好,尺寸短,质量轻,动作可靠,寿命长,瞄具功能齐全,远距离威力大,后坐力小,携弹量多,整体结构紧凑,布局合理,外形流畅美观,持枪舒适,携行方便。

(一) 战斗性能和主要诸元

1. 战斗性能

QBU88式狙击步枪使用5.8毫米机枪弹(DBP88U-5.8)、机枪曳光弹,必要时可使用5.8毫米步枪普通弹(DBP87-5.8)、普通曳光弹。使用DVP 88式5.8毫米机枪弹,弹头在1000米距离上可100%穿透3毫米厚的A3钢板。表尺射程800米,有效射击距离800米(在有效射程内射击精度R50<30厘米),最有效射击距离600米,战斗射速30~35发/分钟。狙击步枪的射击方法为单发射,战斗射速为每分钟10发。供弹方式:弹匣供弹,容量10发,每枪配4个弹匣。

2. 主要诸元

口径:5.8毫米。

枪全重:4.2千克。

枪全长:920毫米。

全枪寿命:6000发。

初速:910米/秒。

瞄准基线长(机械):394毫米。

弹匣容量:10发。

装满子弹的弹匣重:0.33千克。

觇孔表尺孔宽:0.8毫米×0.8毫米。

圆柱形准星宽:2毫米。

瞄准装置：白光瞄准镜、机械瞄具。

发射方式：单发、半自动。

火线高：配轻便两脚架，火线高可调（调整范围为250～300毫米，间隔10毫米）。

(二) 机件名称、用途、特点及自动原理

1. 主要机件名称和用途

狙击步枪由枪管、瞄准装置、护盖、活塞及调节塞、复进机、枪机、击发机、机匣、枪托、弹匣、脚架十一部分组成，另有一套附品（见图2-1-38）。

1. 击发发射机构 2. 弹匣 3. 枪身 4. 附件 5. 脚架 6. 自动机
7. 瞄准镜 8. 活塞 9. 复进机 10. 枪托 11. 上护盖 12. 调节塞

图 2-1-38

（1）枪管（见图2-1-39）。

枪管用以赋予弹头飞行方向。枪管内是枪膛，枪膛分为弹膛、坡膛和线膛。弹膛用以容纳子弹。线膛能使弹头在前进时旋转运动，以保持飞行的稳定性。

图 2-1-39

枪口前端是制退器,用以减小枪的后坐及枪口噪声。导气箍用以引导火药气体冲击活塞。瞄准镜座用以固定瞄准镜。凹槽用以固定脚架。

(2) 瞄准装置(见图 2-1-40)。

瞄准装置由机械瞄准具和白光瞄准镜组成,用于瞄准、测量距离和战场观察。表尺为觇孔式,由表尺座、表尺体、顶头螺杆、表尺滑座、表尺盘、表尺盘顶头及簧、轴等组成。表尺盘上有 0~8 码,除"0"外分别对应 100~800 米距离,0 码为夜间使用。准星顶端设有荧光点小圆孔,与表尺"0"码荧光点配合,便于夜间瞄准。准星可用专用工具调整高度、方向。准星可拧高或拧低,准星座可左右移动,护圈用以保护准星。

图 2-1-40

(3) 护盖 (见图 2-1-41)。

护盖分为上护盖和下护盖,以便于操作及保护内部机件。下护盖有扳机护圈和握把。握把内是附品筒巢。

图 2-1-41

(4) 活塞及调节塞 (见图 2-1-42)。

活塞及调节塞用于承受火药气体压力,推压枪机向后。卡榫对应数字"1"时为小孔位置,对应数字"2"时为大孔位置,卡榫缺口于中间向上时为闭气位置。一般情况用小孔射击,在恶劣的自然条件下枪机后坐能量不够时,可用大孔射击,当需要时可采用闭气射击。

图 2-1-42

(5) 复进机 (见图 2-1-43)。

复进机由导管、导杆、导管座、复进簧和支撑环组成,用于使枪机回到前方位置。

图 2-1-43

(6) 枪机(见图 2-1-44)。

枪机由枪机框和枪体组成,用于送弹、闭锁、击发和退壳,并能使击锤向后成待发状态。

枪机框上有击针,用于撞击子弹底火;圆孔和导榫槽用于容纳机体,并引导机体旋转形成闭锁和开锁。机栓上还有解脱凸榫、机柄和复进巢。

枪机上有抓弹钩,用于从膛内抓出弹壳(子弹),还有导榫、送弹凸榫、闭锁凸榫和弹底巢。

图 2-1-44

(7) 击发机(见图 2-1-45)。

击发机用于与枪机相互作用形成待发和击发。击发控制机,能在枪机闭锁枪膛前防止击发。保险机用以保险,"1"为射击,

"0"为保险。击发机上还有击发阻铁、击锤、扳机和拉杆。

图 2-1-45

（8）机匣（见图 2-1-46）。

机匣用于容纳枪机、固定复进机、击发机和弹匣。机匣内有闭锁卡槽、枪击阻铁、凹槽、拨壳凸榫。闭锁卡槽用于保证枪机闭锁枪膛；当弹匣内无子弹时，枪机阻铁能使枪机停在后方位置；凹槽用于容纳复进机导管座；拨壳凸榫用于拨出弹壳（子弹）。机匣下方还有弹匣结合口，用于结合弹匣。

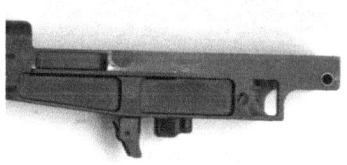

图 2-1-46

（9）枪托（见图 2-1-47）。

枪托用于操作，枪托上有抛壳口、插销、托底板。

图 2-1-47

(10) 弹匣(见图 2-1-48)。

弹匣用于容纳和托送子弹,可装 10 发子弹。弹匣由弹匣体、托弹板、托弹板簧、固定板、弹匣盖组成。弹匣体上有挂耳,用于将弹匣固定在枪上。检查孔,当看到子弹时,表明已装满子弹。

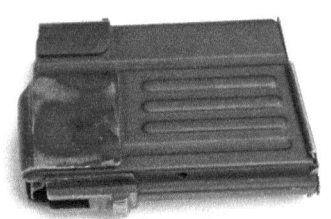

图 2-1-48

(11) 脚架(见图 2-1-49)。

脚架由脚架柄、脚架体及滑动脚组成,用于支撑枪身。脚架上有套箍,用以固定在枪管上;脚架簧、挂钩、卡榫用于调整火线高。

第二章　武器基础知识

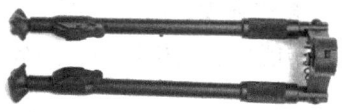

图 2-1-49

（12）附品。

附品用于分解结合、擦拭上油和排除故障，包括附品筒、通条杆、通条接杆、冲子、准星扳手、铰刀、油毛刷、通条接头、油壶、枪衣、弹匣袋、枪背带。

2. 结构特点

（1）保证全枪有较高的射击精度。为了确保该枪的核心指标——射击精度，在机构设计时采取了以下措施。

①采用击发时间短的击锤回转式击发发射机构，击锤回转中心尽量接近枪的质心，并且击锤打击点在枪膛中心线上。

②设计了两道火扳机。扣动扳机，扳机带动拉杆，拉杆拉动扳机杠杆回转，完成一道火行程；继续扣动扳机，扳机杠杆推动阻铁回转，释放击锤完成二道火行程。

③通过调整拉杆长度或击锤簧预压力，可以调整扳机行程和扳机力。

（2）QBU88式5.8毫米狙击步枪最突出的特点是口径小，为无托型结构的半自动武器。其自动原理为导气式（活塞短行程），设有大、小气孔和闭气三个位置的气体调节机构。

（3）闭锁方式为枪机回转式三齿闭锁机构（枪机框采用短导轨长导引，机匣为钢锻件）。

（4）击发发射机构为扳机与击发发射机构拉杆组合，采用单发半自动发射方式，击发发射机构采用击锤回转式。其机构动作可靠，零件有足够的强度，有利于提高武器的射击精度，具有火力机动性好、功能多、结构简单、勤务性好、可维修性好等优点。

(5) 全枪设置有阻铁保险、不闭锁保险、机框复进到位保险三种保险机构，可避免发生"早发火"事故。

(6) 为保证狙击步枪使用的隐蔽性，要保证首发命中率高、射击精度好。在膛口装置上选用开槽的圆柱形消焰器，可抑制枪口火药气体继续燃烧，使流出枪口的气流充分膨胀，大大降低了压力和温度，达到消焰的目的，同时也降低了脉冲噪声。

(7) 瞄准装置配有机械瞄具和白光瞄准镜两大类：

①机械瞄具：表尺和准星为翻倒式结构，表尺采用"觇孔"叠合式0.8毫米×0.8毫米矩形的新颖机械瞄具；表尺和准星设有简易的夜瞄装置。

②白光瞄准镜：瞄准镜为变倍望远系统，放大倍率连续可调；采用测瞄、兼有杠杆式分划调整机构；采用高亮度发光二极管和高性能锂电池照明；由燕尾锁紧机构与武器牢固连接。

(8) 击针不是装在枪机体上，而是用击针限位销装配在枪机框上，枪机框必须复进到位，枪机完全闭锁，击针尖才能突出枪机弹底窝平面并击发。

(9) 配有可装卸、向前折叠、火线高可调的轻便两脚架。

(10) 外观造型简洁、线条明快、富有动感，整体威武而美观。枪托、上护盖、下护托用超韧增强尼龙材料制造，既不发光又有较好的手感。黑色金属件采用黑色磷化新技术，具有膜层薄、晶粒细、结合力强的特点。铝合金两脚架采用硬质阳极氧化处理，使全枪整体有较高的防腐蚀能力。

3. 自动原理

击发后击针撞击底火，点燃发射药，产生火药气体，推动弹头向前运动。当弹头超过枪管内膛上方的导气孔时，一部分火药气体进入导气箍的气室，冲击活塞并推动活塞杆向后运动，活塞杆撞击枪机框，使其获得能量而后坐并压缩复进簧。当后坐21毫米时，活塞杆受阻并在活塞簧的作用下复位。枪机框在后坐过程中迫使机体向右回转，实现开锁，并带动枪机一起后坐，完成抽壳、抛壳、压倒击锤等动作。后坐到定位后，依靠复进簧储备的能量推动枪机框和枪机复进，并完成推弹入膛和迫使机体向左回转，实现闭锁枪膛等动作。枪机闭锁后，枪机框继续复进，压下到位保险并复进到位，全枪各机构完成了一个由击发到待发的自动循环，再扣扳机便能再次击发。

（三）88式狙击步枪白光瞄准镜

1. 用途及性能

88式5.8毫米狙击步枪白光瞄准镜可以对800米距离以内的敌单个重要目标实施精确瞄准，并可进行战场观察和概略测距。

其主要诸元如下：

放大率：3~9倍（连续可调）。

视场：3倍时9°，9倍时3°。

出瞳直径：≥4毫米。

出瞳距离：≥45毫米。

距离分划范围：100~800米（内装定）。

测角分划范围：±5mil

瞄准镜重：≤0.65千克。

附件：瞄准镜（1具）；瞄准镜镜盒（1个）；电池（1个）；白色绒布（1块）；毛刷（1把）；使用说明书（1本）；合格证

及质量记载卡片（1张）。

2. 主要部件名称和用途

白光瞄准镜（见图2-1-50）主要由带有物镜防尘罩及物镜组的物镜筒，带有分划调整机构、变倍机构、与枪配合锁紧机构及照明装置的镜身，带有目镜及眼罩的目镜筒等部分组成。瞄准镜的光学系统为科普勒变倍望远系统，主要由物镜组分划板、变倍转像镜组及目镜组等部分组成。

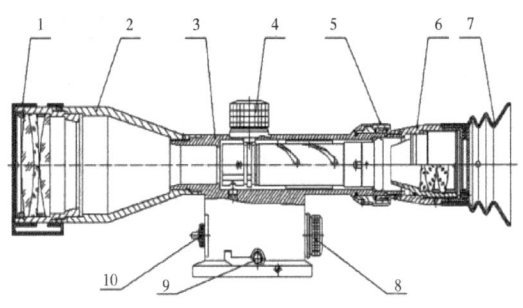

1. 物镜防尘罩　2. 物镜筒　3. 镜身　4. 手轮盖　5. 变倍手轮
6. 目镜筒　7. 眼罩　8. 电池盖　9. 扳手　10. 开关

图2-1-50

（1）分划板。

分划板的刻线主要包括三部分：瞄准分划、测距分划及测角分划。

①瞄准分划。本瞄准镜采用射距内装定方式，因此在分划板上直接刻制出不同射距的瞄准分划。垂直方向上的7个"Λ"形立标即为瞄准分划。"Λ"形立标的顶点为瞄准点，100米和200米合用一个瞄准点；300~800米射距每100米均有单独的瞄准点。瞄准分划右侧的数字即为射距，单位为100米（见图2-1-51）。

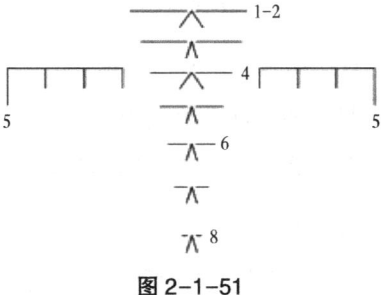

图 2-1-51

②测距分划。本瞄准镜可对宽度为 0.5 米的目标进行概略测距。每个射距的瞄准分划两侧的短横线为测距分划,两条短横线的外侧端点间的距离即为相应距离上 0.5 米宽的目标在分划板上的成像宽度(见图 2-1-52)。

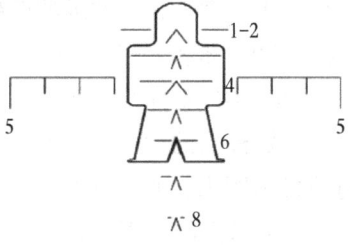

图 2-1-52

③测角分划。瞄准镜的分划板上刻有水平测角分划,可用于测定方向角。分划板上最长的一条水平刻线为测角分划,测角范围为左、右各 5 密位,每一个小格为 1 密位。使用分划板上的测角分划可以测定方向角。若已知目标的宽度,则可用以下公式概略地求出目标的距离:

$$L = H/W \times 1000$$

式中：L——目标的距离，单位为米；

H——目标的宽度，单位为米；

W——目标像在分划板上的张角，单位为密位。

（2）分划板的使用说明。

①概略测距：分划板上呈左右对称的水平刻线可实现概略测定目标距离。当目标宽度为 0.5 米时（人体宽度）可概略测定目标距离。测距分划的使用方法如图 2-1-52（图示为目标距离为 300 米的情形）所示，使用时，测距、距离装定、瞄准可一次完成。将瞄准分划对准目标，上下移动瞄准点，用各测距分划的短横线的两外端点与目标宽度比较，若某个测距分划与目标宽度相等，即可用该测距分划中间的瞄准点对目标实施瞄准，此瞄准点对应的射距即为目标的距离。若目标宽度与 0.5 米相差较大，则可能会有较大测距误差，这时应当采用其他方法测定目标的距离。

②装定瞄准角：分划板上的"∧"形线可实现不同距离的瞄准角，依据不同的目标距离，直接选用对应的瞄准点标记瞄准。瞄准镜可使用 800 米以内的分划，100 米、200 米瞄准点标记为水平刻线上方第一个"∧"形的上尖点；300 米瞄准点标记为水平刻线下方第二个"∧"形的上尖点；400 米瞄准点标记为水平刻线下方第三个"∧"形的上尖点（标计数字 4）；500 米瞄准点标记为水平刻线下方第四个"∧"形的上尖点；600 米瞄准点标记为水平刻线下方第五个"∧"形的上尖点（标计数字 6）；700 米瞄准点标记为水平刻线下方第六个"∧"形的上尖点；800 米瞄准点标记为水平刻线下方第七个"∧"形的上尖点（标计数字 8）。

(3) 分划调整机构。

本瞄准镜采用射距内装定方式,因此分划调整机构仅供与枪配合时校正之用。分划调整机构包括高低调整机构和方向调整机构,其结构完全相同。旋下手轮盖,即可看到高低手轮和方向手轮,手轮均有机械定位装置。每转动一档对应的调整量为 0.2 密位,在 100 米距离相应移动量为 2 厘米。

(4) 变倍机构。

本瞄准镜的放大率为 3~9 倍,转动变倍手轮时,通过变倍凸轮带动变倍转像镜组沿光轴方向移动,使瞄准镜的放大率连续变化。

(5) 照明装置。

照明装置在镜身内部,主要由开关、光源、电源等组成,供夜间时对分划板刻线进行照明。瞄准镜在夜间使用时,需要对分划板刻线进行照明。使用方法是:旋下电池盖,按提示的极性装入电池,并将电池盖装好旋紧,将电源开关拨向红点一侧,即可接通电路,对分划板刻线实施照明。

注意事项:必须使用指定型号的电池;不需要照明时,应关闭电源开关,以延长电池的使用时间;长期不用时,应取出电池并放于镜盒中,以免误动开关造成电池能量被耗尽。

(6) 与枪配合锁紧机构。

与枪配合锁紧机构是将瞄准镜准确、牢固地安装在枪上的机械装置,主要由扳手、螺杆、制紧块、齿形螺母及弹簧等组成。将扳手逆时针方向转动至位置(Ⅰ)时锁紧,顺时针方向转动至位置(Ⅱ)时为解脱。当瞄准镜装在枪上,转动扳手到位置(Ⅰ)时未能锁紧,说明燕尾配合间隙过大;若未到位置(Ⅰ)时便已锁紧,说明间隙过小,均要适当调整锁紧机构。调整方法是:取下瞄准镜,朝燕尾中心方向压下制紧块,使制紧块与齿形螺母解脱后,旋转齿形螺母,即可调整配合间隙。配合间隙过大时应逆时针方向调整齿形螺母，配合间隙过小时应顺时针方向调整齿形螺母。

（7）眼罩。

眼罩的作用是保护射手的眼睛，并快速、正确地确定眼睛的位置。使用时，应贴近眼罩，并使眼睛处于眼罩的中心，这样才能看到全视场，并且能提高瞄准的准确度。

五、97-2式18.4毫米防暴枪（见图2-1-53）

图2-1-53

18.4毫米防暴枪有97式、97-1式和97-2式三种型号（见图2-1-54）。97式18.4毫米防暴枪于1997年设计定型，经由国家靶场严格考核试验，并正式通过公安部鉴定。97-1式18.4毫米防暴枪结构与97式主体结构及功能基本相同，区别在于前者将前手柄改成圆形护木并增加了折叠式枪托。97-2式18.4毫米防暴枪是在97-1式18.4毫米防暴枪的基础上发展而来的，区别在于供弹方式改为弹匣式，是97式18.4毫米系列防暴枪家族中的最新成员。97-2式18.4毫米防暴枪配用非杀伤性弹种，可用于驱散骚乱、制止暴乱、捕捉罪犯等非致命或非杀伤性打击的场合；也可配用杀伤性弹种，用于毁灭性打击场合，以制服暴力嫌疑人。

第二章　武器基础知识

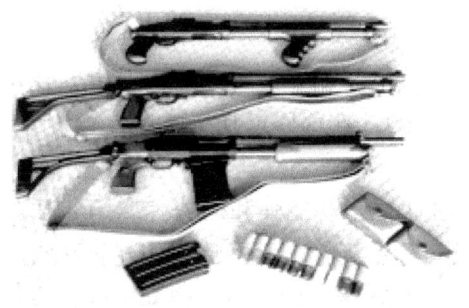

图 2-1-54

（一）机械性能特点

1. 枪多弹、适用范围广

97-2 式 18.4 毫米防暴枪目前配备了 97 式 18.4 毫米动能弹、痛块弹、催泪弹，用于驱散非法聚众闹事的骚乱人群和暴乱分子及制服隐藏在建筑物内的嫌疑人；同时配备了 97 式 18.4 毫米杀伤弹，用来应对突发事件，压制持枪歹徒的火力，实施有效打击。

2. 首发命中率高

97-2 式 18.4 毫米防暴枪配备的杀伤弹，每发弹中有 22 粒直径为 6 毫米的铅丸，在射出枪口后逐渐扩散，形成一个散布面飞向目标，能够快速有效地造成目标失能。

使用防暴枪发射杀伤弹，不需精确瞄准，只需概率瞄准就可以击中目标，不但出枪快而且火力猛，可以迅速使嫌疑人失去反抗能力。

杀伤弹在近距离（50 米）内的侵彻力较大，能够穿透一定的屏障，在对付隐蔽在灌木丛、草丛中的嫌疑人时，其面杀伤作用的优点显得更加突出。

3. 威力适中

97-2式18.4毫米杀伤弹在50米距离内可以有效地杀伤有生目标，在50~100米距离内也有一定的杀伤作用，便于在城市中使用。

97-2式18.4毫米动能弹和痛块弹属于非杀伤性弹药，在35米处可以使目标受到打击而不致重伤，起到威慑作用，达到驱散的目的。而在35米之内，由于弹丸速度较快，仍可使人身负重伤或丧命，在近距离内也可以用来应付突发事件。

97-2式18.4毫米催泪弹属发烟型弹药，不会发生爆炸，使用安全性较高。当弹丸射出枪口到达目标区后会立即发烟，每发催泪弹的骚扰面积在22平方米以上。飞行的弹丸可以在50米内贯穿两层3毫米普通玻璃窗后发挥作用。

4. 体积小，携带方便

97-2式18.4毫米防暴枪全长836毫米，行军长度635毫米，重量为3.5千克（带一个空弹匣），可以方便地携行，也可以隐蔽在车内。另外，该枪可以根据需要，使用随枪工具任意更换前后手柄而改变外形。

5. 使用安全性高

特殊的结构设计使97-2式18.4毫米防暴枪具有可靠的使用安全性。

（1）当闭锁不完全时，即使扣动扳机也不会击发击锤，避免了"开膛炸"。

（2）当闭锁不完全时，即使击锤击发，击针也不会击发子弹，成为第二道防止"开膛炸"的保险。

（3）在击发机座后部扳机后设有扳机保险，当扳机保险压向右侧处于保险状态时，扳机受到了扳机保险的限制而不能移动,从而不会使阻铁杆推动阻铁解脱击锤。

(4) 到位保险前端对游体支杆的支撑防止了击发时提前开锁的可能。

(5) 枪管、枪机等受力零件均采用优质钢材加工,并进行了很好的热处理,每支枪管都经过高压弹试验,以考核枪管强度。在装配成枪后,每支枪都经过强装药弹试验,以考核全枪强度。在使用规定的弹药时不会产生炸膛现象。

6. 勤务性好

97-2式18.4毫米防暴枪不需要专用工具即可完成分解与结合。当射弹数量不多时,只需用手旋下枪管固定螺帽,就可以卸下枪管进行清擦处理。在进行不完全分解结合时,只需要一支冲子(或钉子等物)就可以对整枪进行拆卸装配。另外,在每支枪的包装盒内都备有组合擦具和维修工具包,使维修保养更加方便、快捷。

(二) 主要诸元(见表2-1-1)

表2-1-1

诸元\枪型	97式	97-1式	97-2式
口径	18.4毫米	18.4毫米	18.4毫米
全枪重	2.75千克	3.15千克	3.5千克
枪管长	425毫米	425毫米	385毫米
弹仓容量	5发	5发	5发
扳机引力	15~30N	15~30N	15~30N
供弹方式	筒式弹仓	筒式弹仓	弹匣
发射方式	单发,手动供弹	单发,手动供弹	单发,手动供弹
战斗射速	单发,手动供弹	单发,手动供弹	单发,手动供弹

续表

枪型 诸元	97式	97-1式	97-2式
全枪寿命	≥3000发	≥3000发	≥3000发
故障率	≤5‰	≤5‰	≤5‰
使用环境温度	-40~+45℃	-40~+45℃	-40~+45℃

(三) 枪支结构及工作原理

1. 97-2式18.4毫米防暴枪的结构

97-2式18.4毫米防暴枪由7大组件构成，分别是机匣组件、枪管组件、游体组件、枪机组件、击发发射机组件、枪托组件、弹匣组件。

(1) 机匣组件（见图2-1-55）。

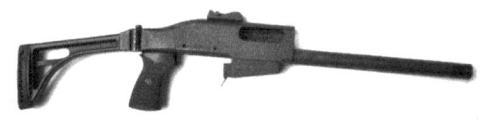

图2-1-55

机匣组件由机匣、弹匣座、表尺、筒式弹仓组成。由于97-2式防暴枪采用弹匣供弹，在机匣下方增设了弹匣座，其筒状弹仓的长度也随枪管缩短。机匣是全枪的基础零件，可将全枪的主要零部件连接成整体。机匣后上方装有表尺，与准星组成瞄准机构；尾端连接折叠枪托，下方为弹匣座。机匣内设有退壳挺，当弹壳被抽壳钩拉向后方碰及退壳挺时便被抛出枪外。表尺板顶端设有方形缺口式照门。由于97-2式防暴枪可发射杀伤弹、动能弹、痛块弹、布袋弹和催泪弹等不同弹种，不同弹种的装药量不同，弹头的飞行轨迹特性也不同，故发射不同的弹种时需装定不同的表尺射程。为了实现这个目的，表尺板右侧设有3个V形卡槽，分别标有数字1、2、3，移动游标并将其固定在不同卡槽上，根据目标距离可实现对目标的有效打击。

（2）枪管组件（见图2-1-56）。

图2-1-56

枪管组件由枪管、枪管固定座、准星、防热罩组成。枪管是全枪的关键零件之一，在击发时承受火药燃气压力并赋予弹丸初速和射向。枪管前端下方有枪管固定座，套在筒式弹仓前端，通过枪管固定螺帽固定在机匣上。枪管前端上方装有准星，与照门组件组成瞄准机构。枪管上方装有防热罩，防止射弹过多时枪管烫手。

（3）游体组件（见图2-1-57）。

图2-1-57

游体组件由游体管、游体左右支杆、护木、定位帽件组成，其主要作用是带动枪机完成开闭锁、供弹等动作。

（4）枪机组件（见图2-1-58）。

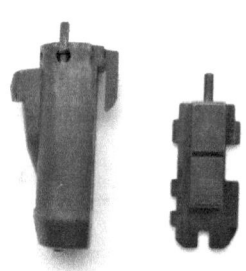

图 2-1-58

枪机组件由枪机、抽壳钩、击针、闭锁卡铁等组成。枪机在护手的带动下前后移动，实现推弹入膛、抛壳、开闭锁等动作。

本枪的闭锁卡铁兼有击针保险功能，闭锁卡铁尾端设有限位槽，当闭锁卡铁未完全进入枪管上的闭锁凹槽时，闭锁卡铁的限位槽便卡住击针，即使击锤回转打击击针，也无法使击针移动，可确保枪弹不被击发，从而形成保险状态。只有闭锁卡铁完全进入枪管闭锁凹槽内时，即枪机确实闭锁后，闭锁卡铁的限位槽才不再限制击针的移动，击针才能击发枪弹。这种保险构成了该枪的三重保险，进一步确保了枪支不会出现意外走火事故。

(5) 击发机组件（见图2-1-59）。

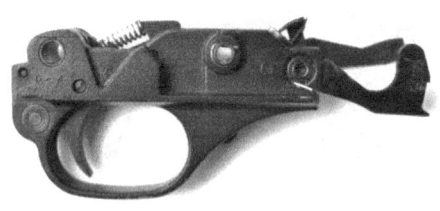

图2-1-59

击发机组件主要包括扳机、击锤、阻铁、到位保险、扳机保险等部件。

本枪采用击锤回转式击发机构。为了确保枪机确实闭锁后才能击发枪弹，97-2式防暴枪上设有到位保险，只有当枪机前移到位并闭锁后，到位保险后端才能落下，使阻铁与扳机推杆扣合在一起，此时扣动扳机，扳机推杆才能使阻铁回转而解脱对击锤的控制，击锤才能在簧力作用下向前回转打击击针。如果枪机未完成闭锁，到位保险后端无法下落，阻铁与阻铁推杆则无法扣合在一起，即使扣动扳机，也不能使阻铁回转，进而无法解脱对击锤的控制，从而形成保险状态。为了防止误操作而出现走火现象，该枪枪机处还设有扳机保险，位于扳机护圈后端。扳机保险为横闩式，从右向左推时，左侧出现一个颜色明亮的红圈，提示射手为可射击状态；从左向右推时，为保险状态，此时扳机无法扣动。

(6) 枪托组件（见图 2-1-60）。

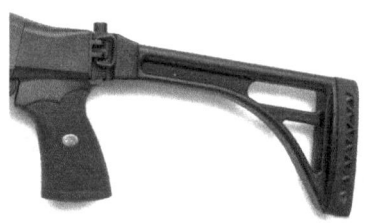

图 2-1-60

枪托组件包括枪托及握把等部件。枪托采用骨架式结构，外部为工程塑料，内部有金属加强筋，可向右侧折叠。枪托尾部装有橡胶缓冲垫，抵肩射击时，可有效缓冲枪支对肩部的冲击。97-2 式防暴枪重新设计了握把，握把内部主体采用工程塑料制成，外部包裹橡胶材料，表面加工有防滑纹，使握持更舒适，而且还具有一定的缓冲效果。

(7) 弹匣组件（见图 2-1-61）。

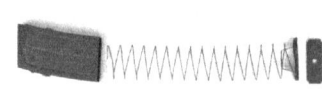 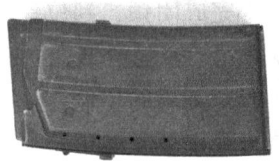

图 2-1-61

弹匣用于容纳和托送子弹，可装 5 发子弹。弹匣由弹匣体、托弹板、托弹簧、弹匣盖等组成。

2. 97-2 式 18.4 毫米防暴枪的工作原理

枪机推弹入膛并确实闭锁后，闭锁卡铁限位槽不再限制击

第二章 武器基础知识

针的移动,到位保险后端落下,使阻铁与阻铁推杆扣合在一起,同时其前端上升,锁住护手支杆尾端。扣动扳机,阻铁推杆使阻铁回转,解脱对击锤的限制,击锤回转打击击针,击针击发枪弹。击锤释放后,击锤推动击锤簧帽运动,迫使到位保险下降,解除对护手支杆的锁定。后拉护手,便带动枪机向后运动并完成开锁、抽壳、抛壳并压倒击锤。后拉护手到位后再向前推,枪机在护手组件带动下向前复进,推弹入膛并闭锁,枪机确实闭锁后,可击发下一发枪弹。当弹匣内的最后一发弹发射完后,后拉护手,使枪机后移到位后,空仓挂机机构便将枪机卡在后方位置,提示射手更换弹匣。

3. 防暴枪的包装与标志

(1) 包装。

防暴枪的包装有小包装盒和大包装箱,每个包装箱内装有5个小包装盒,每个小包装盒内装有一支防暴枪和一份说明书、合格证、工具包。

(2) 标志。

防暴枪在机匣的右侧下方打印有枪代码"GA/QFB18.4mm",左侧相应位置打印有枪号,后手柄左侧有"97-2式"字样(见图2-1-62)。

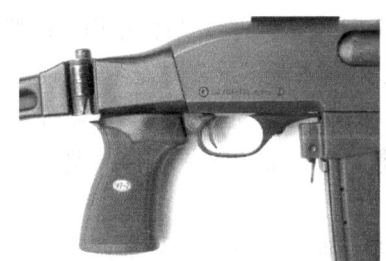

图 2-1-62

第二节 弹药基础知识

从枪管内发射的弹药统称枪弹,又称子弹。枪弹是配用于各种枪械的弹药。最早的枪弹是球形的,后来逐渐发展为椭圆形和圆柱锥形。19世纪80年代末期,由于无烟火药的使用,枪弹普遍改为被甲式结构,这种结构一直沿用至今。

一、枪弹的分类

为了保证对各种目标进行有效的射击,同一种枪往往配有几种不同用途的枪弹。为了便于研究、管理和使用,将枪弹进行必要的分类有重要的实际意义。

(一)按配用武器分类

(1)手枪弹:供手枪发射使用,其中某些兼供冲锋枪发射的,也称为手(冲锋)枪弹(如51式7.62毫米手枪弹)。目前军用手枪弹的口径主要有5.45毫米、5.8毫米、7.62毫米、9毫米和11.43毫米等。

(2)步枪弹:供步枪发射使用,其中某些还兼供机枪发射,故也称为步(机)枪弹(如53式7.62毫米枪弹)。目前军用步枪弹的口径主要有5.45毫米、5.56毫米、5.8毫米及7.62毫米等。

(3)大口径机枪弹:供大口径高射(重)机枪等武器发射(如54式12.7毫米枪弹),目前主要有12.7毫米、14.5毫米等口径。

(4)其他枪弹:供射击比赛、射击运动、防暴等武器发射使用。

(二) 按配用口径分类

(1) 小口径弹：一般将口径小于6.5毫米的枪称为小口径枪械，如美国M16式5.56毫米自动步枪、中国88式5.8毫米狙击步枪、苏联PSM式5.45毫米手枪等。

(2) 中口径弹：一般将口径为6.5~9.0毫米的枪称为中口径枪械，如瑞典AG-42式6.5毫米步枪、奥地利M1894式8毫米手枪、美国M960式9毫米冲锋枪等。

(3) 大口径弹：一般将口径大于9.0毫米的枪称为大口径枪械，如美国M1911A1式11.43毫米（0.45英寸）手枪、苏联KPV式14.5毫米重机枪、中国89式12.7毫米重机枪等。

(4) 口径号：猎枪口径的表达方式。一般指用1磅（453克）纯铅制得与口径相同的直径相等球体的个数。常用的号数为12#、14#、16#等，换算成毫米则分别约为18.4毫米、17.5毫米、16.8毫米。

(三) 按弹丸稳定方式分类

(1) 旋转稳定式：弹头由有膛线的枪管发射后，靠膛线赋予的高速旋转来保证弹头的飞行稳定性（如54式手枪弹）。

(2) 混合稳定式：弹体由枪管发射后，为了弥补转速的不足，靠类似尾翼的结构来保证弹头的飞行稳定（如气枪弹）。

(3) 随意稳定式：弹体质量均匀、几何形状对称的球形弹，一般由滑膛枪管发射（如猎枪弹中的铅弹丸）。

(四) 按枪弹的用途分类

(1) 主用弹：用于作战的战斗用弹，如普通弹、穿甲弹、燃烧弹、曳光弹等。

(2) 辅助弹：专用于训练和试验的弹药，如教练弹、练习弹、模型弹、空包弹等。

二、枪弹的用途

(一) 常用枪弹的用途

(1) 普通弹：用于杀伤有生目标。

(2) 燃烧弹：用于射击易燃目标，如油箱、油库、干草堆和木垛等，使其燃烧。

(3) 穿甲弹：用于击穿轻装甲目标及其他防护装置，如汽车、防弹玻璃、防弹衣等。

(4) 曳光弹：用于指示弹道和目标以及用作信号。曳光弹也可引燃易燃物。

(5) 穿甲燃烧弹：具有穿甲和燃烧作用。

(6) 燃烧曳光弹：具有燃烧和曳光两种作用。

(7) 空包弹：鸣枪示警、演习显示火力、指示目标、发射捕捉网及发射某些枪榴弹用。

(8) 训练弹：主要用于训练装退弹和击发等动作。

(二) 警用非致命性枪弹的用途

警用致命性枪弹和非致命性枪弹在对目标毁伤作用的程度上存在着严格的区别。警用非致命性枪弹是以动能、声响、光、电等物理作用及化学作用对有生目标实施非致命打击的弹药，其性能要求为：弹丸对有生目标的最大威力是致伤而不是致死；弹丸对有生目标只能造成短期效应而不应产生长期后果；在有生目标和设施（如飞机上、博物馆内等）共存的环境条件下，弹丸只能制服或驱散不法分子而不能毁坏设施。因此，非致命性枪弹主要是对付人员的，它既要制服，又不致死。非致命性枪弹就是这样一种矛盾的统一体。

致命与非致命并不是绝对的，对于任何非致命性武器，在

第二章　武器基础知识

使用过程中都必须严格遵守其安全技术条件要求。例如，97式18.4毫米动能弹等非致命性弹药，其技术指标中就规定了安全距离范围。一般来说，在使用中，必须遵守安全距离的规定，这样才不会致命。如果忽略这一安全距离的要求，甚至近距离对目标射击，则有可能使目标致命。

三、枪弹的识别

（一）弹头涂色识别

枪弹的识别主要是在弹尖和底火涂以不同色标，根据色标的不同选用不同的枪弹。主要弹种具体标志为：普通弹，不涂色；燃烧弹、燃烧曳光弹涂红色；曳光弹涂绿色；穿甲燃烧弹涂黑色和红色；普通空包弹无弹头，不涂色；穿甲弹涂黑色；穿甲爆炸燃烧弹涂红色和黄色；DVP88式5.8毫米机枪弹口部为红色；DVP88A式5.8毫米机枪弹口部为绿色。

训练弹的尺寸、重量和普通弹基本相同，无发射药，底火由橡皮制成，一般弹壳体部钻有孔，有的弹壳体部压有三道凹槽，有的弹头用塑料制成。

（二）枪弹制造标志

枪弹制造标志内容为弹厂代号和年份，还可根据订货方要求标有口径等枪弹类别，压印在弹底上（见图2-2-1）。

图2-2-1

四、常用弹种简介

(一) DAP 92式9毫米手枪弹（见图2-2-2）

图2-2-2

该弹具有断面比能高、传送能量大、侵彻力强、停止作用好、射弹散布小等优良性能。由于弹头的结构设计合理，侵彻深度合理。

主要诸元如下：

口径：9毫米。

全弹长：29.7毫米。

全弹质量：12.2克。

弹头质量：8克。

弹壳长：19毫米。

发射药质量：0.305克。

初速（V5测速枪，管长110毫米）：360米/秒。

枪口动能：518焦耳。

第二章 武器基础知识

(二) 9 毫米警用转轮手枪弹

1. 9 毫米警用转轮手枪弹(见图 2-2-3)

图 2-2-3

9 毫米警用转轮手枪弹是 9 毫米警用转轮手枪主配弹种,于 2002 年 5 月开始研制,历经 3 年多时间,于 2005 年年底通过公安部组织的技术鉴定。该枪弹威力适中,主要用于制服 50 米内有生目标。该枪弹采用了多项新技术与新工艺,性能优良。

主要诸元如下:

口径:9 毫米。

全弹长:≤25 毫米。

全弹质量:≤8.51 克。

弹头质量:4.47 克。

速度平均值(5,测速弹道枪):220 米/秒±10 米/秒。

平均最大膛压:≤47.8 兆帕。

散布精度(射距 25 米固定架,弹道枪):50≤2 厘米。

使用温度范围:-30~+40℃。

有效储存年限:≥20 年。

2. 9毫米警用转轮手枪橡皮弹（见图 2-2-4）

图 2-2-4

9毫米警用转轮手枪橡皮弹是9毫米警用转轮手枪射击弹种之一，于2005年年底通过公安部组织的技术鉴定。该枪弹是针对国内当前治安环境的现实情况而开发研制的非致命性弹药，在近距离内起到及时制止嫌疑人违法行为的作用，在中远距离上起到驱散和威慑的作用。该枪弹具有散布精度高，有效作用距离适中等特点。

橡皮弹主要由弹头、弹壳、底火、发射药四大部分组成。底火和发射药选用定型的制式枪弹底火和发射药，橡皮弹弹头由橡塑材料和金属粉末制成。

主要诸元如下：

口径：9毫米。

全弹长：≤30毫米。

全弹质量：7.05克。

平均最大膛压：10.9兆帕。

散布精度：50米≤5厘米。

使用温度范围：-30~+40℃。

有效储存年限：≥5年。

（三）QBZ87式5.8毫米步枪弹（见图 2-2-5）

我国第一代5.8毫米小口径自动步枪的研制工作1971年开

第二章 武器基础知识

始论证,1978年11月15日开始正式启动。经过9年的艰苦奋斗,做了大量的试验研究,枪和弹紧密配合,采用多方案、多途径的技术攻关,到1987年,第一代小口径步枪弹完成设计定型,命名为QBZ87式5.8毫米步枪弹。

图2-2-5

主要诸元如下:

口径:5.8毫米。

全长:746毫米。

全重:3.25千克。

初速:930米/秒。

理论射速:650发/分。

战斗射速:40发/分(单发) 100发/分(连发)。

直射距离:370米。

有效射程:400米。

弹匣容量:30发。

枪弹:87式5.8毫米步枪弹。

(四) 97式18.4毫米防暴弹

1. 杀伤弹(见图2-2-6)

97式18.4毫米杀伤弹(代码GA/DQJ18.4毫米)属于致命杀伤性霰弹,每发杀伤弹中装有22粒铅丸,在50米处射击人形靶,将有多粒弹丸着靶，在50~100米距离也有一定的杀伤作用。

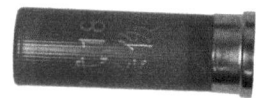

图2-2-6

主要诸元如下：

全弹长：65毫米。

全弹重：43克。

弹丸数：22粒。

弹丸直径：6毫米。

单粒弹丸重：1.2克。

弹丸材料：铅合金。

弹丸初速（V5）：335米/秒。

弹压：≤70兆帕。

立靶密集度：35米距离处弹丸着靶率≥50%。

威力：50米处能穿透25毫米厚松木板。

失效率：≤3%。

安全落高：3米（带内包装）。

储存期：15年（带内包装）。

使用环境温度：-40~+43℃。

弹道及散布见表2-2-1。

第二章　武器基础知识

表 2-2-1

射击距离（米）	10	20	30	40	50
弹道降（厘米）	-0.5	-2.3	-3.9	-9.3	-12.1
散布圆直径（厘米）	11.1	45.2	73.5	111.3	154.7

注：此表仅供参考。

2. 动能弹（见图 2-2-7）

97 式 18.4 毫米动能弹（代码 GA/DQF18.4 毫米）俗称"胶粒弹"，属于非致命霰弹，用弹丸的动能对目标形成打击，使被打击目标疼痛、恐慌，达到驱散的目的。

图 2-2-7

在非常近的距离内，"非致命"弹丸也能致命，在一定距离内也可致人重伤，因此在使用时要特别谨慎，一定要掌握好距离。在 35 米以外对人体喉部以下射击不会造成重伤，35 米以内应禁止使用。

主要用于 35~100 米距离内驱散非法聚众闹事的骚乱人群和暴乱分子，发射时有比较大的枪声，具有一定的威慑、恐吓作用。

主要诸元如下：

全弹长：65 毫米。

全弹重：24 克。

弹丸数：8 粒。

弹丸直径：8 毫米。

单粒弹丸重：0.85 克。

弹丸材料：硬橡胶。

弹丸初速（V5）：315 米/秒。

弹压：≤70 兆帕。

立靶密集度：35 米距离处弹丸着靶率≥50%。

威力：35 米处弹丸动能≤28 焦耳。

失效率：≤3%。

安全落高：3 米（带内包装）。

储存期：15 年（带内包装）。

使用环境温度：-30～+43℃。

3. 痛块弹（见图 2-2-8）

97 式 18.4 毫米痛块弹（代码 GA/DKT18.4 毫米）俗称"橡胶弹"，属于非致命威慑弹药，用弹丸的动能对目标形成打击力量，使其疼痛、恐慌，达到驱散的目的。在近的距离内，痛快弹也可致人重伤，因此在使用时与动能弹同样应特别谨慎，一定要掌握好安全距离。在 35 米以外对人体喉部以下射击不会造成重伤，35 米以内应禁止使用。

痛块弹主要用于 35～100 米距离内驱散非法聚众闹事的骚乱人群和暴乱分子。动能弹可同时打击多个目标，痛块弹只打击单个目标，是动能弹的补充。

第二章 武器基础知识

图 2-2-8

主要诸元如下：

全弹长：65 毫米。

全弹重：18.7 克。

弹丸数：1 粒。

弹丸直径：18.7 毫米。

单粒弹丸重：8.6 克。

弹丸材料：硬橡胶。

弹丸初速（V5）：130 米/秒。

弹压：≤70 兆帕。

立靶密集度：35 米距离处弹丸着靶率≤0.3 米×0.4 米。

威力：35 米处弹丸动能≤120 焦耳。

失效率：≤3%。

安全落高：3 米（带内包装）。

储存期：15 年（带内包装）。

使用环境温度：-30~+43℃。

4. 催泪弹（见图 2-2-9）

97 式 18.4 毫米催泪弹（代码 GA/DJC18.4 毫米）属于非致命防暴弹药，用催泪剂对人体皮肤组织的强烈刺激作用来制服犯罪分子或驱赶非法闹事的人群。其作用范围不如 38 毫米的同类弹，但在小的封闭空间，如车厢、房间等实施驱赶特别适用。对空旷地带非法聚众闹事的骚乱人群和暴乱分子，同时发射多发催泪弹也可达到驱散的目的。

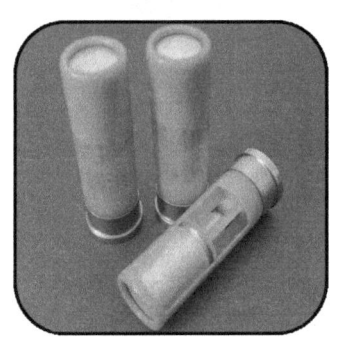

图 2-2-9

主要诸元如下：

全弹长：65 毫米。

全弹重：21.7 克。

单粒弹丸重：12.5 克。

弹丸材料：CN 或 CS（苯氯乙酮或邻氯苯亚甲基丙二腈）。

弹丸初速：60~80 米/秒。

弹压：≤70 兆帕。

立靶密集度：35 米距离 EZXEY≤0.3 米×0.4 米。

威力：骚扰浓度的威力幅员面积≥20 平方米。

延期时间：2±0.5 秒。

失效率：≤1/30。

安全落高：3 米（带内包装）。

储存期：15 年（带内包装）。

使用环境温度：−30~+43℃。

5. 布袋弹（见图2-2-10）

布袋弹主要用于驱散5~30米内的骚乱人群，也可用于打击制服15米内的嫌疑人。

图2-2-10

布袋弹弹丸由布袋包裹铅砂组成，质量较大，存速性能好，能量较大，在击中目标时撞击面会迅速扩散，使作用在目标上的比动能减小，从而起到作用大、致伤小的效果。

主要诸元如下：

全弹长：65毫米。

全弹重：50克。

单粒弹丸重：≥30克。

弹丸材料：布袋包裹铅砂。

弹丸初速：60~80米/秒。

弹压：≤70兆帕。

立靶密集度：15米距离R50≤15厘米、R100≤25厘米。

威力：$E_{动}$≥27焦耳，$E_{比}$≥4焦耳/平方厘米。

延期时间：（15米处）2±0.5秒。

作用可靠率：≥97%。

安全落高：3米（带内包装）。

储存期：15年（带内包装）。

使用环境温度：-30~+43℃。

弹药使用注意事项：

（1）枪支发射痛块弹50发后必须进行擦拭保养。

（2）枪支发射催泪弹30发后必须进行擦拭保养。

第三节 简易射击学原理

射击学原理是研究发射与命中的科学，学习掌握射击原理是为了摸索射击规律，正确掌握射击要领，提高枪支射击的命中率。

一、发射与后坐

发射是枪支的根本功能，是使用枪支的根本目的。后坐是由枪支本身的结构特点形成的现象，是由于枪支发射引发的副作用，但是通过枪支设计，后坐又实现了子弹的自动装填。

（一）发射

1. 发射的概念

火药气体压力将弹头从膛内推送出去的过程叫发射。

2. 发射的过程

击针撞击枪弹底火，点燃起爆药。火焰通过导火孔引燃发射药，产生大量火药气体，形成很大的压力，使弹头从静止转为运动，脱离弹壳，嵌入线膛。发射药迅速变化燃烧，使膛内压力急剧增大，推动弹丸沿膛线旋转加速前进，直至推出枪口。弹丸飞出枪口时，火药气体形成一股气流，从膛内喷出，其速度仍比弹头速度大得多。因此，在距枪口一定距离处（5~50厘米），火药气体仍继续对弹头底部施加压力，并加大弹丸的运动速度，直至火药气体压力与空气阻力相等时为止。此时，弹头飞行的速度最大。

（二）后坐

1. 后坐的概念

发射时，武器向后运动的过程叫后坐，向后运动的力量叫后坐力。

2. 后坐的形成

发射药燃烧时产生的气体压力同时作用于各个方面，作用于弹头后部的压力推动弹头前进；作用于膛壁周围的压力被膛壁抵消，作用于弹壳底部的压力通过枪机作用于整个武器，使武器产生与弹丸运动方向相反的后坐运动，形成后坐。武器的后坐和弹头的运动是同时开始的，后坐方向基本沿枪身轴线直线向后，对于整个后坐过程来说，弹丸未出枪口前的后坐，称为一期后坐。在弹丸脱离枪口的瞬间，大量的火药气体随弹丸后部从膛内向外喷出，形成反作用力，使武器的后坐更加明显，这为二期后坐。

3. 后坐对射击命中的影响

由于弹头在膛内运动时间极短（约千分之一秒），所以弹头在脱离枪口以前，枪的后坐距离只有 1 毫米左右，并基本上是沿枪身轴线向后直线运动。射手感觉到的后坐，主要是二期后坐，此时，弹头已脱离枪口，所以，在正确握持的前提下，后坐对手枪射击命中的影响极小。后坐对手枪慢射和速射的首发命中影响不大，但由于后坐破坏了瞄准线，延长了再瞄准时间，所以对速射的后几发和连续射击的命中都有一定影响。

4. 后坐对射击动作的影响

武器的后坐力是沿枪管轴线正直向后的，枪管轴线在枪身重心之上，射击时，射手以手作为承受后坐力的支点，因此后坐时就在武器重心之下产生了反作用力，形成力偶现象，使枪口在后坐时向上跳动，出现发射差角。按照武器设计要求的握持动作所产生的发射差角，在矫正射效时已做了修正，但如握持动作不正确，枪与手臂、身体不能形成整体，改变了原来的力臂定量，射击时就会因增大发射差角而扩大了射弹散布范围。正确握持动作的原则是尽量使枪管轴线与手臂轴线相平行，并使全枪重心与手臂重心接近。

5. 后坐对射手的心理影响

由于手枪枪管短，承受后坐力部位（手、腕）的质量、面积较小，射手对二期后坐及爆音的感受较为强烈，易使射手形成规避心理，对后坐作出提前反应，在开始击发而未形成发射之前就下意识地以手臂前迎（手腕下压）对抗后坐力，或回缩肩关节以承受后坐力，造成射弹偏差，这是手枪射击中常见的问题。为减少后坐对射击命中的影响，训练时应特别强调形成正确握持动作的动力定型，并且运用音响和后坐力模拟，使射手适应后坐现象，消除规避心理。

二、弹　道

弹道是枪支性能的重要指标。弹道的理论参数根据枪型的不同而有所区别，但实际参数又受多种因素的影响。只有了解和掌握使用枪型的弹道参数，在射击时加以调整，才能有效命中目标。

(一) 弹道与弹道的形成

1. 弹道的概念

在发射过程中,弹丸质心运动的轨迹叫弹道。弹道分内弹道、中间弹道、外弹道和终点弹道四个部分。

内弹道是指弹丸受火药气体作用,在膛内的运动轨迹;中间弹道是指弹丸出膛口后受火药气体作用继续加速运动的轨迹;外弹道是指弹丸不受火药气体作用,在膛外运动的轨迹;终点弹道是弹丸命中目标后在目标内的运动轨迹。

在以上四个部分中与射击精度密切相关的是中间弹道和外弹道,下面我们重点介绍外弹道的有关知识。

2. 外弹道的形成

发射后,弹丸出膛口在空气中飞行,同时受到三种力的作用:一是火药气体压力作用下形成的惯性力,使弹丸向前飞行;二是地心引力,使弹丸在飞行中越飞越低;三是空气阻力,使弹丸飞行的力量逐渐减少,速度越来越慢。结果形成了一条不均等的弧线,其特点是,升弧较长较直,降弧较短较弯曲。

(二) 弹道要素

(1) 起点:枪口中心点。

(2) 枪口水平面:通过起点的水平面。

(3) 射线:发射前枪膛轴线的延长线。

(4) 射角:射线与枪口水平面所夹的角。

(5) 发射线:弹丸出枪口瞬间枪膛轴线的延长线。

(6) 发射角:发射线与枪口水平面所夹的角。

(7) 发射差角:发射线与射线所夹的角。

(8) 落点:弹道降弧与枪口水平面的交点。

(9) 弹道最高点：枪口水平面上弹道最高的一点。

(10) 升弧：由起点到弹道最高点的弹道。

(11) 降弧：由弹道最高点到落点的弹道。

(12) 弹道高：弹道上任何一点到枪口水平面的垂直距离。

(13) 最大弹道高：弹道最高点到枪口水平面的垂直距离。

(14) 射程：起点到落点的水平距离。

三、瞄准与击发

瞄准和击发是枪支射击中的基础技能。瞄准要以枪支弹道和枪支晃动为前提，而击发则受到手指发力大小和角度的影响。这两项技能都必须在掌握相关理论的基础上通过长期的操作练习才能得到提升。

（一）瞄准

为使弹丸命中预定的目标，而使枪膛轴线在水平面上及垂直面上处于一定位置的操作叫瞄准。由于地心引力和空气阻力的作用，如果用枪管轴线向目标射击，射弹就会打低打近。为了命中目标，必须将枪口抬高，使枪膛轴线与瞄准线之间形成一定的角度，即瞄准角。瞄准时根据弹道形状和射击距离的远近决定瞄准角的大小。

1. 瞄准要素

(1) 瞄准基线：缺口上沿到准星尖的直线。

(2) 瞄准线：视线通过缺口上沿中央和准星尖的延长线。

(3) 瞄准点：瞄准线所指向的一点。

(4) 瞄准角：射线与瞄准线的夹角。

(5) 瞄准线上的弹道高：弹道上任何一点到瞄准线的垂直距离。

(6) 落点：弹道降弧与瞄准线的交点。

(7) 弹着点：弹道与目标表面或地面的交点。

(8) 实际射击距离：起点到落点的距离。

2. 正确的瞄准

右眼通视缺口准星，使准星尖位于缺口中央并与上沿平齐，指向瞄准点，就是正确瞄准。

(1) 正确的瞄准景况。

瞄准时，应集中主要精力于缺口准星的平正关系上，此时，缺口与准星的平正关系看得清楚而目标看得较模糊，这就是正确的瞄准景况。

如果集中精力于准星和目标的关系，就容易忽视缺口和准星的平正关系。而准星尖不能平正于缺口中央上沿，这就改变了原来的瞄准角，使射弹发生偏差。由于手枪的瞄准基线短，所以若准星与缺口的关系不正确，对命中影响甚大。如准星尖在缺口内偏差1毫米，在25米距离上弹着点的偏差量：54式手枪为16厘米，64式手枪为21.4厘米。距离加倍，偏差量加倍。

(2) 瞄准区。

通常情况下手枪握枪采用单点支撑，重力臂长，加之肌肉运动生理机制方面的原因，导致据枪的稳定性较差，表现为正确据枪状态下枪身（瞄准线）总是在有规律的晃动。射击时，不可能将瞄准线固定在预定瞄准点上击发，所以通常使用瞄准区这个概念。根据射击目的，以瞄准点为中心而规定的一定的范围，叫瞄准区。当瞄准线晃动至瞄准区内时枪响，就能实现准确射击。

①选定瞄准区。为了使射弹准确命中目标，射击时，射手应根据目标的距离、大小和手枪的弹道高正确选定瞄准区，并相应地制定出瞄准区。

②精确选定瞄准区。通常在已知精确射击距离和目标尺寸时使用。其方法是根据预定命中部位、该距离弹道高即得到瞄准点的位置，再规定出瞄准区。例如，射击距离 25 米，目标胸环靶，命中部位 10 环，弹道高 12.5 厘米。从 10 环中心点下降 12.5 厘米是下 8 环中央，这是瞄准点。以此点为中心规定一个半径 5 厘米的范围，就是命中 10 环的瞄准区。

③概略选定瞄准区。通常在时间紧迫，不易精确指定射击距离、目标尺寸时使用。其方法是对小目标瞄下沿，对大目标瞄中央（在 25 米距离上弹道归零的枪均瞄中央）。例如，对头部射击，应瞄向肩水平线中央。

（3）影响正确瞄准的因素。

影响正确瞄准的因素较多，归结起来主要有心理因素、动作因素、外界因素三大类。

①心理因素的影响。心理因素的影响主要是指射手处于紧张、恐惧、激动、愤怒心境时，使生理机制产生一系列变化，心跳、血流加速、知觉度下降、肌肉颤抖，致使枪身无规律抖动，无法实施正常瞄准。应通过平时的心理训练和临场的心理调整予以解决。

②动作因素的影响。动作因素的影响主要是指由于技术动作不正确，枪手无法完成正确瞄准，但在这种情况下，射手本身往往认为自己做到了正确瞄准。

③外界条件因素的影响。外界条件是指气温、风速、光线等。手枪是近距离射击武器，外界变化对弹道影响不大，主要是对瞄准的影响。

（二）击发

在合理据枪、正确瞄准的基础上，均匀、正直预压、自然适时压响的动作叫击发。

1. 正确的击发动作

击发时用右手食指第一指关节指腹部分单独、均匀、正直向后地扣压扳机,其余四指力量不变。当瞄准线接近瞄准区时,开始预压扳机,扣落第一道火,并减缓呼吸。当瞄准线进入瞄准区内的同时,食指应对第二道火施加压力,逐渐减缓呼吸,一边修正平正关系,保持正确一致的瞄准,一边继续对扳机增加压力,即"边瞄边扣"。虽然此时平正准星在瞄准区内时有晃动,但仍要继续均匀、正直、逐渐地对扳机增加压力,即"边晃边扣",直至击发。如果发现平正准星偏离瞄准区较远或屏止呼吸不自然时,食指应暂时停止对扳机的用力,但不松开扳机,经过调整后平正准星能进入瞄准区或自然呼吸了,再继续扣扳机,直到自然击发为止。若射手已无法坚持或对扣扳机信心不足时,则可以松开扳机,收回据枪手臂,重新开始。不应该勉强击发,更不能猛扣扳机。

2. 常见的错误击发动作

(1) 击发时机掌握不好。

掌握好击发时机有利于提高射击精度,应在据枪晃动较小的时候即瞄准线在瞄区内轻微晃动时击发。有些射手往往希望将平正准星停在最小的瞄准区内,这就必然会延长瞄准的时间,错过相对稳定阶段,造成枪的更大晃动,贻误击发时机。纠正时,要求射手右手食指要预先压到扳机上,并达到一定程度,在枪支稳定的初期大胆地做击发动作。

(2) 过于追求响枪时间而猛扣。

有些射手的注意焦点不在平正准星缺口上,而是在"怎么还不响枪"上,为了追求"马上响"就会突然用力、猛用力。纠正时要让射手将注意的焦点放在平正关系上,做到何时扣响都让准星缺口平平正正。

(3) 抢点猛扣。

射手不要苛求瞄准点,当瞄准线进入瞄准区后就要大胆地扣压扳机,做到"边瞄边扣"。当瞄准线在瞄准区附近轻微晃动时要继续扣压扳机,做到"边晃边扣"。扣扳机时不要突然用力,其余四指和手腕不能有任何附加力量。

第三章
武器使用技能

第一节 手枪基础安全操作

一、验 枪

(一) 验枪的目的和要求

验枪是一项保证安全的重要措施。使用枪支前后(包括空枪预习和实弹射击)及必要时,必须验枪。验枪时要认真检查弹膛、弹匣和教练弹中有无实弹,严禁枪口对人。

(二) 动作要领

1. QSZ92式9毫米半自动手枪验枪动作

在立正的基础上,右手打开枪套扣,取出手枪置于右胸前,手约与肩同高,大臂自然下垂,并紧贴于右肋,枪口指向前上方(约成45度角),拇指按压弹匣卡榫,左手取出弹匣交给右手,置于小指与无名指之间或握于握把的左侧,扳击锤向后成待发状态,然后左手拇指和食指捏握套筒后部,拉套筒向后,检查膛内是否有子弹,然后自行送回套筒,击发后装上弹匣(见图3-1-1)。

图 3-1-1

2. 2005 式 9 毫米警用转轮手枪验枪动作

右手打开枪套扣，取出手枪置于体前，右手拇指打开保险，向前推压推柄，用左手中指与拇指按住转轮不动，右手握枪柄向右转动，露出转轮，使枪身平躺，枪口朝下左手握转轮，查看弹膛内有无子弹，验过后，左手中指与拇指按住转轮不动，右手握枪柄向左转动，将转轮合膛，关闭保险（见图 3-1-2）。

图 3-1-2

第三章　武器使用技能

二、不完全分解与结合

（一）目的与要求

分解结合是为了擦拭、上油、检查和排除故障。分解前必须验枪；分解结合应按顺序和要领进行，不要强敲硬卸；分解下来的机件应按次序放在干净的物体上；除所讲的分解内容外，未经许可，不准分解其他机件；结合后，应拉送枪机数次，检查机件结合是否正确。

（二）QSZ92 式 9 毫米半自动手枪不完全分解与结合的要领

1. 不完全分解的要领

（1）卸下弹匣：右手拇指按弹匣卡榫，左手从握把下方抽出弹匣（见图 3-1-3）。

图 3-1-3

（2）取下枪机部分：击锤位于击发位置，用弹匣盖按压位于枪身右侧的挂机扳把轴球头，迫使挂机扳把窜出 2~3 毫米，再用弹匣前端插入挂机扳把和握把之间，撬出挂机扳把，从前方抽出枪机部分（见图 3-1-4）。

 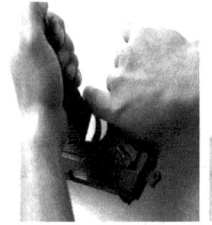 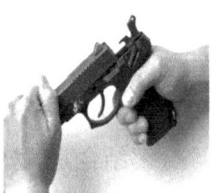

图 3-1-4

（3）取出发射机组件：上抬发射机座前端，待扳机尾部脱离握把时，从前上方抽出发射机组件（见图 3-1-5）。

图 3-1-5

（4）取下枪管等零部件：手握枪机，使其底面向上，同时上抬取出连接座，复进簧及复进簧套管，旋转枪管套 45°，取出枪管套，然后把枪管从枪机组件中抽出（见图 3-1-6）。

 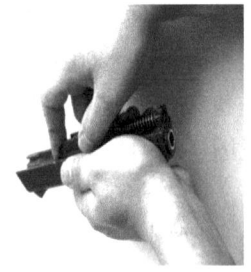 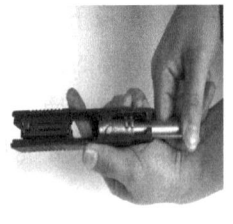

图 3-1-6

第三章　武器使用技能

分解后所有部件见图 3-1-7。

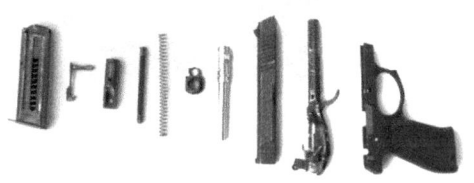

图 3-1-7

2. 结合的要领

结合应按相反的顺序进行。

(1) 装上枪管等零部件：将枪管从枪机前端装入，旋转使闭锁卡入螺旋槽，将枪管套旋转 45°，从枪机前方装入，将复进簧、复进簧导杆插入连接座，将连接座装上联机并卡住枪管凸起，击锤处于击发状态。

(2) 装上发射机组件：将发射机组件装入握把。

(3) 装上枪机部分：将枪机从发射机座前端推入，调整三孔合一，装上挂机扳把。

(4) 装上弹匣：将弹匣从握把下端推入，完成全枪结合。

(三) 2005 式 9 毫米警用转轮手枪不完全分解与结合的要领

1. 不完全分解的要领

(1) 安全检查：右手大拇指向前推推柄，用左手中指与拇指按住转轮不动，右手握枪柄向右转动，打开转轮，使枪身平躺，枪口朝下，检查转轮的 6 个弹膛是否有子弹，同时检查枪管内膛是否有异物（见图 3-1-8）。

093

图 3-1-8

（2）分解转轮组件：使用擦枪工具中的多用改锥沿逆时针方向拧松转轮限位螺钉，转出转轮呈开膛状态，向前推动转轮，卸下转轮组件，当射击少量子弹时，且机构运转正常时，可分解到此（见图 3-1-9），便可以擦拭枪管内膛及转轮的 6 个弹膛和转轮前、后端面，完成一般保养，在射击大量子弹或者使用中发生故障时，应继续往下分解。

图 3-1-9

（3）分解握把护板部件：使用多用改锥沿逆时针方向拧松握把螺钉，拔出握把螺钉，然后用多用改锥轻轻撬动握把底部的接缝处，便可取下左、右护板部件（见图 3-1-10）。

第三章 武器使用技能

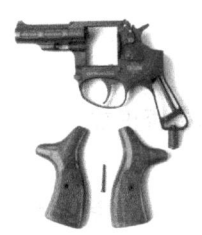 

图 3-1-10

（4）分解盖板部件：使用多用改锥将盖板部件上的三颗盖板螺钉拧下，再用多用改锥从盖板部件的下边缘轻轻地向上撬动，便可取下盖板部件，取盖板部件应注意外露面向上，防止转轮限位螺钉的垫圈掉落丢失（见图 3-1-11）。

图 3-1-11

分解后所有部件见图 3-1-12 所示。

图 3-1-12

2. 结合的要领

转轮手枪的结合按分解的相反顺序进行，结合后，分别进行单动和联动空枪击发，以检验机构动作是否正常。

（1）退壳轴必须拧紧。

（2）区分盖板螺钉中的转轮限位螺钉（转轮限位螺钉稍长），同时确保其他螺钉处于拧紧状态。

（3）在装盖板时应将跌落保险推到最上方位置。

（4）检查各销轴是否松动。

（5）检查击针是否运动灵活。

（6）应检查中心轴及转轮的运动是否灵活。

三、装退子弹

（一）QSZ92 式 9 毫米半自动手枪装填子弹

1. 向弹匣内装填子弹

左手持握空弹匣托弹板向上，平齐面向左，右手将子弹放入弹匣口，两手协力将子弹压入弹匣内（见图 3-1-13）。

图 3-1-13

2. 向手枪内装弹匣

右手持枪置于右胸前，大臂自然下垂，手约与肩同高，枪口指向前上方（约45°角），右手拇指按压弹匣卡榫，左手取出空弹匣交给右手，置于小指与无名指之间，然后从弹匣套内取出实弹匣装入枪内，再将空弹匣装入弹匣套内，扳击锤向后成待发状态，拉套筒向后到定位，推子弹上膛，将击锤送于保险位置（见图3-1-14）。

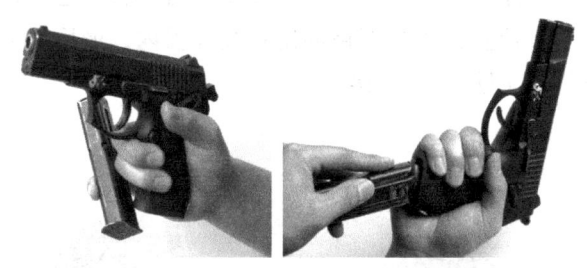

图 3-1-14

3. 退子弹

右手拇指按压弹匣卡榫，左手取出实弹匣交给右手，握于枪的左侧，扳击锤向后到定位，枪面向右下，左手掌心向下对正抛壳口，用手指第一节和手掌的肉厚部分握住套筒，快拉套筒向后，手指和手掌肉厚部分夹住从膛内退出的子弹，松开套筒，将退出的子弹装入实弹匣内，左手从弹匣套内取出空弹匣，装入枪内，再将实弹匣装入弹匣套内，然后使击锤位于保险位置，将枪装入枪套内并扣好（见图3-1-15）。

图 3-1-15

(二) 2005 式 9 毫米警用转轮手枪装退子弹

1. 向手枪装弹器内装填子弹

取出装弹器,将手柄顺时针方向旋到"开"位置时,使容弹孔朝上,将子弹弹底朝下放入容弹孔内,然后逆时针旋转手柄至"关"位置,子弹即被固定在装弹器内,最后将装弹器装入装弹器套(见图 3-1-16)。

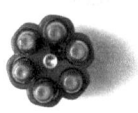 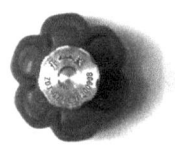

图 3-1-16

2. 向手枪内装子弹

右手持枪食指置于扳机护圈外侧,右臂自然下垂,右手拇指打开保险,向前推压推柄,用左手中指与拇指按住转轮不动,右手握枪柄向右转动,露出转轮,左手拿枪,右手向左手中指指尖所对应的弹膛内填入第一发子弹,然后按逆时针方向依次装填子弹,装弹完毕,合上转轮,并用左手轻轻转动,确保已合膛(用装弹器装弹时,将弹头对准转轮弹膛,再将手柄旋转至"开"位置时,六发子弹被释放,子弹装入弹膛)(见图 3-1-17)。

第三章 武器使用技能

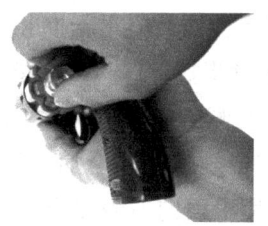

图 3-1-17

3. 退子弹

使枪口指向前上方,右手拇指向前推压推柄,用左手中指与拇指按住转轮不动,右手握枪柄向右转动,打开转轮,用左手拇指按压退壳轴,将子弹退出,并用右手接住子弹,再将转轮回转到位,关闭保险(见图3-1-18)。

图 3-1-18

第二节 长枪基础安全操作

一、验 枪

(一)95式步枪验枪动作

1. 方法一

左手握上护手,右手握握把,扣扳机的食指置于扳机护圈外，双手合力端枪，枪托抵于肩窝，枪面略平指向正前方。验枪时，使枪面向左倾斜45°，右手食指扳下保险。拇指按压弹匣卡榫，将弹匣取出交于左手枪的右侧，拉枪机向后，同时眼睛通过抛壳口处检查枪膛内是否安全。确认安全后，松开枪机，击发，装上弹匣并关上保险后，使枪面向右恢复端枪姿势（见图3-2-1）。

图3-2-1

2. 方法二

单手持枪，左手打开保险，取下弹匣检查弹匣内是否有实弹，交于右手握于握把左侧，然后左手食指移握枪机，其余四指伸直贴于枪身左侧，向左翻转枪面查看枪膛内有无实弹，送回枪机，装上空弹匣、击发、关保险（见图3-2-2）。

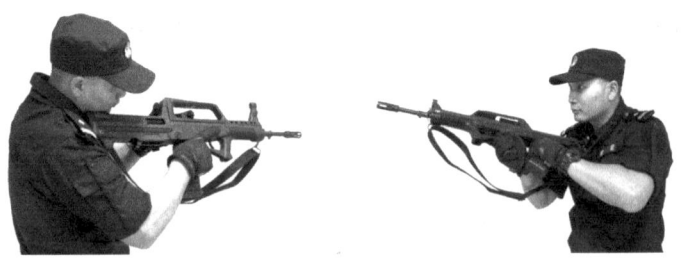

图3-2-2

(二) 97-2 式防暴枪验枪动作

(1) 双手持枪，右手握握把，食指不接触扳机；不打开扳机保险。

(2) 卸下弹匣。

(3) 握前护木，向后拉到位。

(4) 用目视方法检查枪膛内是否有子弹，用手摸的方法检查枪膛内是否有子弹。

(5) 拉动前护木到达最前位。

(6) 装上弹匣，完成验枪。

二、分解结合

(一) 分解结合的目的和要求

1. 分解结合的目的

分解结合的目的是为了对武器进行擦拭涂油、检查、排除故障及修理。

2. 分解结合的要求

(1) 操作武器必须首先进行安全检查（验枪）；检查弹膛及容弹具内有无枪弹；教练弹内有无混入实弹。验枪时，严禁枪口对人。

(2) 分解结合的场所应清洁，以防武器沾染灰尘及丢失零部件。

(3) 分解结合前必须准备好所需的附件及工具。

(4) 操作应按要求及要领进行，正确使用工具、附件；不能乱敲乱打；分解下来的零件应按顺序摆放整齐。

(5) 结合前应进行擦拭涂油；结合中应注意检查，防止漏装错装。

（6）结合后，应拉送枪机数次，检查机件结合是否正确。

（二）95式步枪分解结合的要领

1. 分解的要领

（1）卸下弹匣：左手托握枪托，枪面稍向左，右手握弹匣，拇指按压弹匣卡榫（也可掌心向前握弹匣，以手掌肉厚部分推压弹匣卡榫），前推卸下（见图3-2-3）。

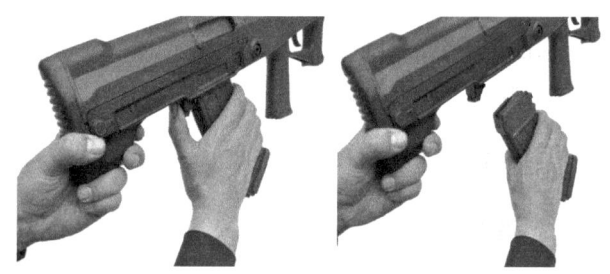

图 3-2-3

（2）取出附品：打开握把上的附品筒盖，取出附品筒（见图3-2-4）。打开附品筒盖，取出附品。

图 3-2-4

（3）卸下枪托：右手握住枪托底下部，拇指和食指、中指用力捏住枪托底中下部位，左手拇指从左向右将连接销顶出，并将其向右拉到定位。然后，左手托握机匣，右手握枪托并向后拉，卸下枪托（见图3-2-5）。

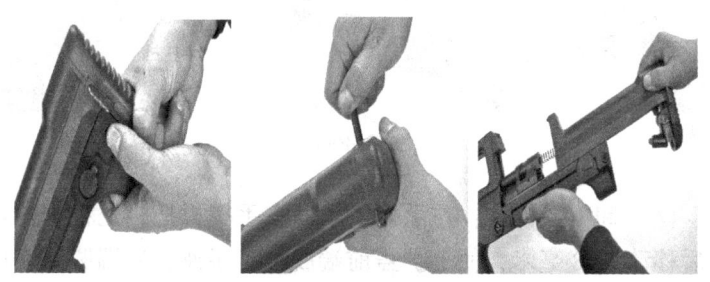

图3-2-5

（4）取出击锤及复进簧：左手托握机匣，右手取下击锤簧、击锤，抽出复进簧（见图3-2-6）。

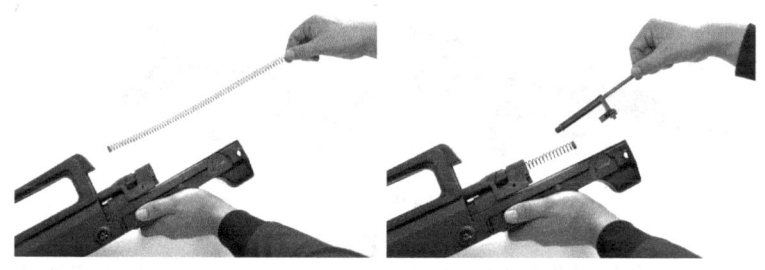

图3-2-6

（5）卸下枪机：左手托握机匣，右手握枪机向后拉取出。左手向左转动机体，使机体上的导榫脱离机栓上的导槽，向前取出机体（见图3-2-7）。

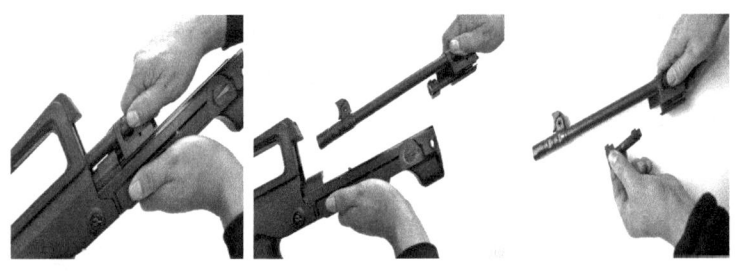

图 3-2-7

(6) 卸下上护盖：左手握机匣，右手握提把，先将上护盖向后移动5~8毫米，使上护盖前端脱离准星座，后端脱离表尺座，提把孔对正瞄准镜座，向上取下上护盖（见图3-2-8）。

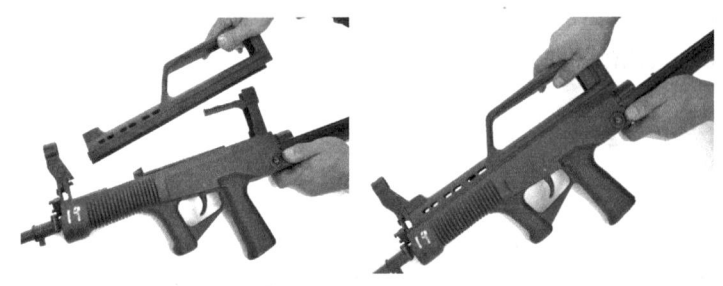

图 3-2-8

(7) 分解导气装置：左手握下护盖，右手按压气体调节器卡榫，使其退出定位槽，然后转动气体调节器至水平位置，向外取出气体调节器。然后右手捏住活塞并向前移动，当活塞头露出导气箍时，向前取出活塞及活塞簧（见图3-2-9）。

第三章　武器使用技能

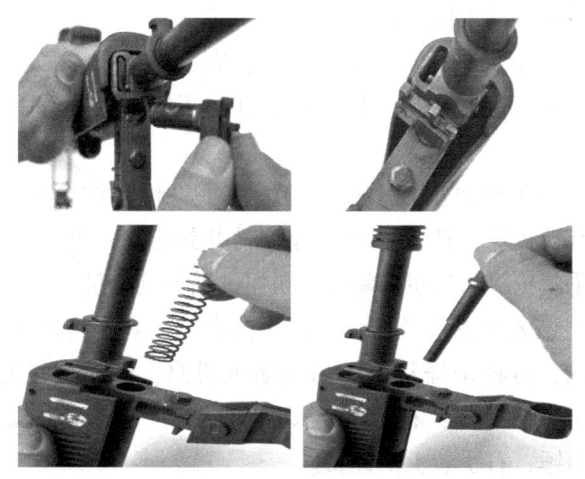

图 3-2-9

分解后共 11 个部件（见图 3-2-10）。

图 3-2-10

2. 结合的要领

结合时按分解的相反顺序进行。

（1）装上导气装置：左手握下护盖，右手将活塞簧、活塞装入活塞筒内。右手将气体调节器两平面呈水平，放入导气箍内,按压调节器卡榫并转到"1"的位置。

(2) 装上上护盖:左手握机匣,右手握提把,将上护盖前端对正准星座上的卡槽,后端提把孔对正瞄准镜座,下压前推到位。

(3) 装上枪机:右手握机栓,左手将机体结合在机栓上,并向右旋转机体,使导榫进入导榫槽并到定位;然后左手握机匣,右手将枪机从机匣后端装入机匣,前推到定位。

(4) 装入复进簧及击锤:左手握握把,右手将复进簧装入复进机内,再将击锤从机匣后端装入机匣,前端对正复进簧,左手食指扣住扳机,右手将击锤向前推到位,左手握机匣,拇指卡住击锤,右手装上击锤簧。

(5) 装上枪托:左手握握把,右手握住枪托使击锤簧后端对正枪托底部的缓冲器座,枪托前端对正上下护盖的缺口,前推到定位,食指将连接销向左推到定位。

(6) 装上附品:将附品装入附品筒内(通条接杆头朝内)并盖好;左手握握把,右手将附品筒(筒盖朝外)装入附品筒巢内并盖好。

(7) 装上弹匣:左手托握枪托,枪面稍向左,右手将弹匣前端插入结合口内,再向后扳弹匣,听到卡榫卡住的声音为止。然后,右手拉送枪机数次,检查各部机件结合是否正确,扣扳机,关保险。

(三) 97-2式防暴枪分解结合要领

1. 枪支的不完全分解

(1) 卸下弹匣:按压弹匣卡榫,取下弹匣(见图3-2-11)。

图 3-2-11

（2）取出固定螺帽（见图 3-2-12）。

图 3-2-12

（3）取出枪管：从机匣中抽出枪管，如果抽不出来可用力左右转动几下即可（见图 3-2-13）。

图 3-2-13

(4) 取出游体、枪机（见图 3-2-14）。

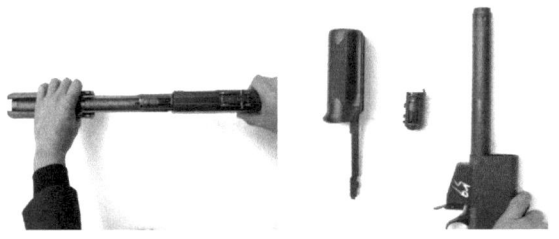

图 3-2-14

(5) 取出发射机：用附件中冲子顶出前后轴；握住扳机护圈，向外拉出击发机组件（见图 3-2-15）。

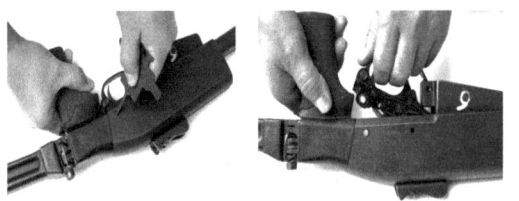

图 3-2-15

不完全分解完成应有 10 个部件：

弹匣、枪管固定螺帽、枪管、游体、卡铁、枪机、前、后轴、击发机、枪体（见图 3-2-16）。

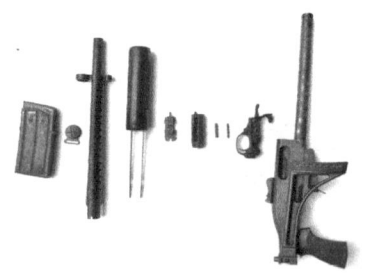

图 3-2-16

2. 枪支的不完全分解后结合

按分解相反顺序结合。

三、装退子弹

（一）向弹匣内装填子弹

左脚向前，左手握弹匣，托弹板置于左膝上，弹匣口向上，弯曲部向内，右手将子弹放在弹匣口上，两手协力将子弹压、推入弹匣内。

（二）立姿装子弹

右手将枪向前送出，左手接握下护木，左大臂紧靠左胁，枪托贴于右胯，准星约与肩同高，换上实弹匣，打开保险，送子弹上膛，关保险，右手移握握把。

（三）立姿退子弹

右手持枪，左手卸下实弹匣，打开保险，左手拉动套筒，退出膛内子弹（捡起子弹，再将子弹装入实弹匣内），换上空弹匣，击发，关保险。

第三节　基础射击

一、92式手枪射击动作

（一）据枪、瞄准、击发

1. 据枪

右手虎口部位形成"V"字形状，把枪放在右手上，握把后部顶端自然地扣在"V"状虎口上。手枪的瞄准线（缺口与准星尖的中心连线）与前臂平行，线的延长部分正好与上臂的中心点交叉重叠，掌心压着握把背部，中指、无名指和小指三指环抱握紧握把，中指刚好托着扳机护圈，中指、无名指的内侧平均施压，将握把压向正后方，但指尖抵着握把侧面部分不施加任何力量，小指在握持手枪动作中并无任何意义，只需轻轻触及握把便可，过分用力只会影响持枪动作的稳定性。大拇指自然扬起，不要叠放在中指和无名指上，食指的第一节扣在扳机上；左手环拇指封住右手中指、无名指、小指第一关节处，其余四指握于中指第三关节处并顺右大臂方向向右后用力带，两手合力将枪握紧，两臂抵于水平，将枪自然指向目标。

2. 瞄准

正确一致的瞄准是准确射击的前提，对于手枪来说，应注意以下几点：

（1）瞄准时应集中精力于准星与缺口的平正关系上。

正确的景况应是：一平、二正、三清楚、四模糊。"平"是指准星上沿应与缺口上沿平齐；"正"是指准星应位于缺口中央；"清楚"是指准星与缺口的平正关系看得清楚；"模糊"就是指目标看得较模糊，如果集中主要精力于准星与目标上就会忽视准星与缺口的平正关系，使射弹发生偏差，如准星在缺口内偏差1毫米，77手枪在25米的偏差量是20厘米。

（2）变瞄准点为瞄准区。手枪射击通常是双手或单手悬臂据枪，由于重心高、稳定性差，要想瞄准一点较困难，因此为了使射弹准确地命中目标，射击时，射手应根据目标的距离、种类，以及武器的弹道高选择一个合适的瞄准点，并以该点为中心确定相应的瞄准区，92手枪对25米距离上的胸靶射击时，由于弹道高为12.5厘米，所以瞄准区应是以下8环中央为圆点、直径为 30 厘米的圆。而对 50 米距离上的半身靶射击时,弹道高为 22 厘米,瞄准区应是下半身的中部。

3. 击发

据枪是基础,瞄准是前提,击发是关键。击发是手枪射击的难点,手枪射击时是无依托据枪,其扳机引力大,击发时容易破坏瞄准的平正关系,影响命中精度,正确的击发动作要领如下:

(1) 击发动作:击发时应以食指第一节根部均匀正直向后扣压扳机,余指不能增加任何力量。关键是扣压扳机的力量要均匀正直,要求做到食指对扳机的压力是缓慢增加的,不是爆发力;压力是均匀加重逐步增大至击发,不是忽大忽小;压力的方向是正直向后的,与虎口形成一个平行的合力,绝不能左推或右拉,或是上抬下压。

(2) 击发时机:当瞄准线由下向上接近瞄准区时(也可由上向下),开始预压扳机,并减缓呼吸,当瞄准线指向瞄准区时,应屏住呼吸,并继续对扳机增加压力直到击发,在击发瞬间应保持正确一致的瞄准,如果瞄准线偏离瞄准区或不能继续屏住呼吸时(切忌心情紧张,更不能勉强扣压扳机),则应停止对扳机的压力(但不能放松扳机),待修正或换气后继续击发。

(二) 手枪射击姿势

1. 立姿

(1) 韦法式。

韦法式射击姿势是由美国洛杉矶警官杰克·韦弗(Jack Weaver)于 20 世纪 50 年代设计,其身体各部分的姿势与步枪立射姿势极为相似。其优点,一是减小了射手身体的暴露面;二是便于射手重心移动和姿势转换;三是提高了手枪射击的稳定性和精确性。

动作要领：左脚向前迈出半步，脚尖朝着目标方向或稍向右偏；右脚尖方向与目标成90°；双膝微曲，身体挺直；持枪的右手向前完全伸直，锁定肘关节；左手臂里合并向下弯曲；头部靠右侧倾斜，令右眼与瞄准线重叠；据枪高度略低于眼睛水平线；瞄准线与右手臂成一直线。

（2）对等三角式。

对等三角的双臂据枪令身体各部分姿势较韦法式来得自然，有研究指出，一般警务人员在极大精神压力下会自然作出对等三角的双臂据枪动作，原因是这个着重身体左右平衡的姿势较接近人类遇险时的本能反应。但它也有身体暴露面大、重心移动不便等缺点。

动作要领：身体朝向射击目标，略为向前倾，以抵消发射子弹时的后坐力；双膝微曲；锁定手肘关节，双手与身体成一个对等三角形；双脚分开与肩同宽或略宽于肩。

（3）韦法改良式。

近年又研究出一种经改良的韦法式射击姿势。其实是将前述两种射击方式取长补短，互相混合而成的姿势。双脚的位置较接近韦法式射击姿势，令身体有更稳定的支撑，身体四肢有更大的动作弹性，故此射手可在不断练习中，找出一个令自己感觉舒服自然的姿势。

动作要领：射手面对射击方向时左脚向前迈出半步，侧对目标，两腿自然站直或微弯曲，上体自然下沉，含胸收腹，身体重心落于两脚之间。右手持握手枪，左手从前面包住右手，用右手前推、左手后拉的合力稳定住手枪。

2. 跪姿

（1）单腿低姿。

动作要领：面对目标，左脚向前迈出一步，身体下蹲，左腿弯曲，右膝外摆跪地，两大腿间成90°，臀部坐于右脚跟上，大部分重心落于右脚掌。上体正直或稍向前倾，正面双手据枪对准目标。侧面据枪时，左肘可放在左膝盖上支撑。

（2）单腿高姿。

动作要领：面对目标，左脚向前迈出一步，身体下蹲，左腿弯曲，右膝外摆跪地，两大腿间成90°，大部分重心落于右膝。右大腿与上体保持正直，正（侧）面双手据枪对准目标。

（3）双腿低姿。

动作要领：面对目标，双腿弯曲跪地，两腿间的夹角成60°，臀部坐于两脚跟上，大部分重心落于两脚掌。上体正直，双手据枪对准目标。

（4）双腿高姿。

动作要领：面对目标，双腿弯曲跪地，两腿间的夹角成60°，重心落于两膝上并与上体保持正直，双手据枪对准目标。

3. 蹲姿

动作要领：左脚向左跨出一步，略宽于肩；身体下蹲，臀部坐于两小腿内侧，重心落在两脚掌上，上体微向前倾；下颌微收；两臂自然伸直，将枪概略指向目标。

4. 坐姿

动作要领：面对目标，右手持枪，两腿交叉弯曲，迅速盘腿坐于地上（或两腿伸直、弯曲），上体保持正直，双臂伸直据枪对准目标。利用左腿（膝盖向上）弯曲、右腿盘腿坐姿时，左肘可放在左膝盖上支撑。

5. 卧姿

动作要领：面对目标，右手握枪。左脚向卧倒方向迈出一大步，迅速卧倒，两腿伸直，两脚分开约与肩同宽，两脚内侧触地，或将左腿曲起，左脚背置于右膝窝，膝盖内侧触地支撑身体，重心在身体右侧与地面留有一定空隙，双手据枪指向目标。

6. 仰姿

动作要领：面对目标，迅速屈腿下蹲，以臀部、背部次序触地，收下颌，勾头倒地。上体略抬起，两腿分开，伸直或弯曲，双手据枪对准目标。

二、95式步枪射击动作

（一）据枪、瞄准、击发

据枪、瞄准、击发是相互联系和相互影响的动作，稳固持久的据枪，正确一致的瞄准，均匀正直的击发，三者正确的结合，是准确射击的关键，也是射击训练的基础。根据战斗任务的需要和战场环境的具体情况，可选择有依托射击和无依托射击。

1. 据枪

（1）有依托据枪（以卧姿有依托据枪为例）。

射击时射手如果能够利用好依托物，会大大提高据枪的稳定性，从而提高射击精度，获得更好的射击效果。依托物可预先构筑，也可利用建筑物、土坎、树木、断壁残垣等地形地物。依托物的高度应以射手的身体而定，一般为25~30厘米，依托物过高或过低，都会使射手两肘过分里合或外张，从而造成据枪不稳，增大射弹散布。构筑依托物最好利用湿土或草皮等，依托物不宜过软或过硬。过软，射击中武器易下陷；过硬，射击时武器易产生跳动，这些都会增大射弹散布。当依托物软硬不适宜时，应在依托物上垫上沙袋或将手垫在依托物上实施射击。每名射手除学会构筑、改造、利用依托物以外,还应善于利用不同高度、不同类型的依托物实施射击,以适应实战的需要。

据枪要领如下:

第一,据枪时将枪口的枪管部分放在依托物上,枪与身体对正目标,身体右侧与枪身略成一线,两脚打开略宽于肩,两手协同保持枪面平正。

第二,右手虎口向前握握把,食指第一节靠在扳机上,用手掌肉厚部分(小鱼际肌)和余指合力握住握把,握力约在10~20千克,右手腕内合、下塌、挺住。

第三,右大臂内合夹紧,与地面略成垂直,右肘着地外撑,肘皮控制在内前侧。左手虎口向前握弹匣(也可掌心向右握弹匣,也可握下护木,95步枪也可握小握把),手腕挺直,左手向下稍向后用力。左肘稍向内合着地前撑,将肘部控制在内后侧。两肘稳固地支撑于地面,保持上体稳固。

第四,两手协同将枪托上 2/3 抵于肩窝,使枪托与肩窝紧密结合,通过肩部用整个身体承受武器后坐。

第五,胸部稍挺起,身体稍前倾,上体正直自然下塌。下塌后,枪身不得前移,两肘压力相同,枪托抵肩确实,腹部紧贴地面,两脚内侧紧蹬地面,头稍前倾,自然贴腮。

第六,按上述要领据好枪后,肩不向前顶,手不向后拉,保持姿势稳固自然。

(2)无依托据枪(以卧姿无依托为例)。

射手左手掌心向上,虎口向前托握下护木,左肘前伸尽量里合于枪身下方,左小臂与大臂约成 90°角,左小臂紧贴弹匣,将枪自然托住。右手虎口向前握握把,手腕内合挺住,右大臂与地面略成垂直,着地外撑,两肘保持稳固,上体自然下塌,两手正直向后用力（右手切忌虚握，右手腕不得弓起），使枪托确实抵于肩窝，头稍前倾，自然贴腮。此时上体自然放松，腹部确实着地，两脚分开略宽于肩，身体右侧与枪身略成一线或稍有角度。

2. 瞄准

瞄准是准确射击的前提，一定要认真细致，精益求精。瞄准时应把主要精力集中在准星与缺口的平正关系上。准星与缺口的关系不正确，对射击精度影响极大，95式自动步枪瞄准时，准星与觇孔的关系偏差1毫米，在100米距离上平均弹着点偏差量达31厘米。

3. 击发

用右手食指第一节均匀正直地向后扣压扳机（食指内侧与枪应有不大的空隙），余指力量不变。当瞄准线接近瞄准点时，开始预压扳机，并减缓呼吸。当瞄准线指向瞄准点或在瞄准点附近轻微晃动时，应屏住呼吸，继续增加对扳机的压力，直至击发。击发瞬间应保持正确一致的瞄准，瞄准线偏离瞄准点较远或不能继续屏住呼吸时，应停止扣压扳机，待修正或换气后，再继续扣压扳机。

操纵点射时，应稳扣快松，扣到底松开为 2~3 发，在扣扳机的过程中，应始终保持姿势稳固，据枪力量不变，以提高连发射击命中精度。

(二) 步枪射击姿势

1. 立姿射击

立姿射击通常是在时间短促、来不及做其他更稳固的射击姿势或受环境条件限制时采用的射击动作，是所有射击姿势中所需时间最短的一种射击姿势。其缺点是射击姿势过高、动作悬空、重心不稳,给稳固的据枪带来难度。

动作要领:在单手持枪的基础上,左脚向前迈出一步,略宽于肩,脚尖朝右前45°方向;两腿挺立,含胸收腹,上体微向前倾,两眼注视目标方向。左手迅速接握下护盖(可反握护盖),小臂尽量里合,与枪身略在同一垂直面内;右手虎口正握握把,大臂自然下垂,食指伸直贴于枪身一侧或扳机护圈外侧;上体稍前倾,两手正直向后用力,使枪托确实抵于肩窝,自然贴腮,瞄准射击。

2. 跪姿射击

跪姿射击也是常用的一种射击姿势,它适合不同环境,尤其是在射手利用低矮的掩体做隐蔽,为减少暴露面时采用。其特点是重心低,稳固性好,对于快速射击有一定的命中保证。

动作要领:在单手持枪的基础上,左脚向前大半步,身体下蹲,右膝向右跪于地上,两腿分开约90°,左小腿略垂直于地面,臀部坐于右脚跟上,上体体重落于两腿之间。据枪时,左手掌心向上虎口向前托握下护木,左肘平面略过膝盖平面撑稳,使枪身、左小臂、左小腿尽量在同一垂直面上。右手虎口向前握握把,手腕挺住,大臂自然下垂。两手稍向后用力,使枪托确实抵于肩窝。上体前倾下塌,尽量降低身体重心,保持姿势稳固。头稍前倾,自然贴腮,瞄准射击。

三、97-2式防暴枪射击动作

(一) 据枪、瞄准、击发

1. 据枪

97-2式18.4毫米防暴枪的据枪持握与其他枪支不同,右手握后手柄,左手握前手柄前后运动完成上弹、退壳。右手应用力握紧，松紧程度应足以控制枪的后坐力。正确的据枪，其后坐力会使枪向后移动而不会使枪有旋转的趋势。

2. 瞄准

97-2式18.4毫米防暴枪的瞄准系统由固定准星与可调缺口构成，瞄准时构成"三点一线"即可。

（1）标尺的选择。

①97式18.4毫米杀伤弹、动能弹。

两种弹弹丸散布面积较大，故可采取概率瞄准（目视枪管方向概率指向目标）；精确瞄准时，使用标尺"1"。

②97式18.4毫米痛块弹。

此弹为独丸橡胶弹丸，主要打击单个目标，使用标尺"2"。

③97式18.4毫米催泪弹。

弹丸是独丸，使用标尺"3"。

（2）标尺的调节。

用拇指与食指压下游标与游标卡的两端面，前后移动游标，到标尺数处松手，游标就定位在数字处，该数字就是标尺数。

3. 击发

97式18.4毫米防暴枪为双手柄式，射击时枪的后坐力绝大部分作用在后手柄上，弹种不同，后坐力大小也不同。

射击时，左手握前手柄，右手握后手柄，上弹后，右手食指压扳机保险，扣动扳机后击发，击发时，用右手食指第一关节均匀正直向后扣压扳机，接近瞄准区时，开始扣压扳机，并减缓呼吸，当瞄准线在瞄准区内晃动时，尽量屏住呼吸，继续增加对扳机的压力，果断击发（切忌猛扣扳机）。第一发弹击发后，左手握前手柄向后拉到位再向前推到位，扣动扳机第二发弹被击发；重复动作可将弹仓内的子弹全部击发。

（二）射击姿势

97式18.4毫米防暴枪可采取夹持射击和据枪射击两种射击姿势。

1. 夹持射击

夹持射击时，身体自然站立，右脚向后迈一步，侧身面对目标，左脚支撑身体，右腿保持身体平衡，使身体有利于抵抗枪的后坐力。左手握前手柄，右手握后手柄，夹持在腰上部。

2. 据枪射击

据枪射击时，身体自然站立，右脚向后迈一步，侧身面对目标，左腿支撑身体，右腿保持身体平衡，使身体有利于抵抗枪的后坐力。左手自然向前托握前手柄，保证枪机确实闭锁，右手握后手柄，大臂自然抬平，正直向后用力，使枪托确实抵于右肩窝外侧。

第四节　应用射击

一、手枪应用射击

（一）持枪快速射击

持枪快速射击是射手在保持戒备持枪（子弹已上膛）基础上快速出枪进行射击的一种方法，一般用于警察本身或人民群众生命受到嫌疑人高度威胁时（如对建筑物内持枪嫌疑人的搜索）。

动作要领：在双手持枪、胸前戒备的基础上，两手协力将枪向目标方向正直推出，含胸收腹，两臂自然伸直，腕部挺紧，下颌微收,概略瞄准,食指连续扣动扳机快速射击。

(二) 快出枪射击

快出枪射击是指在正常状态下,射手迅速将手枪从枪套内拿出,推子弹上膛并立即形成射击姿势的动作过程。一般在警察与嫌疑人突然遭遇时采用,可以使警察在战斗中把握先机掌握主动,先敌开火,起到威慑和消灭嫌疑人的目的。

动作要领:在自然站立的基础上,听到出枪的口令后,右手顺势用拇指按压前推打开枪套扣,其余手指抓住枪柄上提;翻腕向上做圆弧运动,枪面向左,枪口向前,同时左手曲臂上抬,掌心向后,虎口向右,用拇指及其余四指卡握住手枪套筒前端,右手持枪(枪口朝前)前推,配合左手完成上膛动作,右手内旋使枪面向上,左手顺势托握于右手前下方,双臂自然前伸,呈双手据枪射击动作。

(三) 快速更换弹匣射击

快速更换弹匣射击通常是警察在弹匣内子弹耗尽或弹匣出现故障时进行。在更换弹匣时射手要双眼紧盯目标,不断变换射击位置,力争在最短的时间内完成动作,以便更好地保存自己,消灭目标。

动作要领:在据枪射击的基础上,两手协力将枪收回于胸前,枪面微向左,两眼注视目标方向,用余光检查枪支状况。需更换弹匣时,两脚交替迅速向左(右)或右(左)前移动至适当位置,身体下蹲成跪姿的同时,向右旋转枪面使弹匣口向左下约45°,右手拇指按压弹匣卡榫,使弹匣向下滑出,左手取出并装上实弹匣,送子弹上膛,快速出枪,成跪姿(立姿)射击。

(四) 转向射击

转向射击是警察在实战中改变射击方向的一种射击方法。

由于执法环境复杂,警察在执行任务过程中经常要面对多个方向、多种性质的目标突然出现的威胁。当目标出现时,警察必须迅速扭头寻找目标,快速转体进行射击。通常有停止间和行进间以及向左、向右、向后转向射击。

1. 停止间转向射击

动作要领:目视前方,双手持枪在准备射击的基础上,摆头捕捉目标的同时,以左(右)脚跟为轴,身体迅速向左(右)转体90°(180°),右(左)脚迅速跟进,同时两臂协力将枪向目标方向推出成射击姿势,快速击发。

2. 行进间转向射击

动作要领:运动时可单手持枪,也可双手持枪,目视前方行进,发现目标后,迅速急停,摆头捕捉目标的同时,身体向左(右)转体,右(左)脚跟进成射击姿势,连续击发。

(五)排除故障射击

在进行实弹射击或执行作战任务之前,必须对枪支进行认真细致彻底地检查,尽量避免枪支或弹药在射击过程中出现故障,一旦出现故障,必须迅速、果断地排除,以最快的速度恢复对目标的射击。故障通常有以下几种情况。

1. 实弹匣未装到位或哑弹

排除方法:迅速收枪查看情况,确认是弹匣未到位或哑弹时,快速向左(右)移动变换射击位置,用左手手掌肉厚部分用力撞击弹匣底部,拉套筒向后(将哑弹拉出),送子弹上膛继续射击。

2. 膛外卡壳

排除方法:迅速收枪查看情况,确认是膛外卡壳时,左手手掌肉厚部分用力将弹壳向后拨出,送子弹上膛继续射击。

3. 膛内卡壳

排除方法:迅速收枪查看情况,若膛内为实弹,用左手手掌肉厚部分用力向前推套筒尾部将膛内实弹送上膛;若膛内为空弹壳时应迅速变换射击位置,同时左手轻拉套筒向后,枪面向右转,使膛内弹壳掉出,再用力后拉套筒送弹上膛,继续射击。

4. 严重卡壳

排除方法:迅速收枪查看情况,确认是严重卡壳时,快速向左(右)移动变换射击位置,同时取出弹匣交与右手并用小指夹住,左手捏握套筒尾部,右手将枪口向下45°推送枪支,直至子弹或弹壳跳出,装上实弹匣上膛后继续射击。

二、步枪应用射击

(一)持枪快速射击

持枪快速射击是警察在执行作战任务时,敌情顾虑较大或对在宽敞的建筑物内、障碍物后的歹徒进行搜索时使用的一种射击姿势。

动作要领:在双手(单手)持枪戒备的基础上,两手协力将枪抬起指向目标,自然贴腮,含胸收腹,重心稍向前压,侧对目标,两眼观察,迅速瞄准击发。

(二)快速换弹匣射击

更换弹匣通常是在弹匣内子弹耗尽或弹匣出现故障时进行。在更换弹匣时射手要双眼紧盯目标,不断变换射击位置,力争在最短的时间内完成动作,以便更好地保存自己,消灭目标。

动作要领:两手协力向左翻转枪面,枪口向下45°,查看枪支状况，身体迅速下蹲或快速转移射击位置的同时，右手手掌肉厚部分前推（右手拇指按压）弹匣卡榫卸下空弹匣，然后拇指和食指将弹匣袋打开，取出实弹匣，装到枪上，右手送子弹上膛后，继续瞄准射击。

（三）转向射击

转向射击是警察在执法过程中改变射击方向的一种射击方法。由于实战环境复杂，警察在执行任务过程中经常要面对多个方向、多种性质的目标突然出现的威胁。当目标出现时，警察必须迅速扭头寻找目标，快速转体进行射击。通常有停止间转向射击和行进间转向射击。

1. 停止间转向射击

动作要领：目视前方，双手持枪在准备射击的基础上，两手协力下压枪口45°，枪托不能离开肩窝，迅速摆头向目标方向，同时向左（右、后）转体90°（180°），在左（右）脚尖外摆、右（左）脚上步的同时，两手协力抬平枪口，对正目标，迅速瞄准，果断击发。

2. 行进间转体射击

动作要领：运动时可单手持枪，也可双手持枪，目视前方推进，摆头向目标方向观察，向左（右、后）转体90°（180°），在左（右）脚尖外摆、右（左）脚上步的同时，两手协力抬平枪口，对正目标，概略瞄准，果断击发。

注意事项：转体时保持枪口向下45°不变；上步同时抬平枪口，预压扳机；转体和抬平枪口前，食指要贴于扳机护圈外侧；转体动作要快，腿部动作要正确，瞄准、击发要迅速果断。

（四）换枪射击

换枪射击通常是在枪支出现故障、子弹耗尽、不适合使用，需要更换其他枪支进行射击的情况下使用。一般可分为停止间换枪和行进间换枪。这里主要讲解步枪换手枪射击。

动作要领：在步枪射击的基础上，子弹打完后，两手将枪放下落于胸前（或置于左腋下，左腋将枪夹住），然后右手取捷径取出手枪，按手枪快速射击要领构成瞄准快速射击。

（五）排除故障射击

在进行实弹射击或执行任务之前，必须对枪支或弹药进行认真、细致、彻底地检查，尽量避免枪支在射击过程中出现故障，一旦出现故障，必须迅速、果断地排除，以最快的速度恢复对目标的射击。故障通常有以下几种情况。

1. 弹匣未到位或哑弹

排除方法：翻转枪面查看枪支状况，确认是弹匣未到位或哑弹时，迅速变换射击位置或下蹲，同时左手掌心向上拍打弹匣底部，拉枪击向后（将哑弹拉出），送子弹上膛继续射击。

2. 膛内卡壳

排除方法：翻转枪面查看枪支状况，确认是膛内卡壳时，迅速变换射击位置或下蹲，同时左手取下弹匣交与右手，食指拉枪机向后使膛内弹壳抛出，然后装上弹匣，送子弹上膛，继续射击。

注意事项：判断故障要准确，每次射击完毕后一定要查看枪支状况；处理故障要迅速，实战时要迅速离开原地变换射击姿势进行排除；不得在距敌 10 米之内排除故障；处理故障时两眼应紧盯目标，用两眼余光查看枪支状况。

第五节　暗条件下武器使用训练方法

在掌握基础射击与应用射击技术的基础上，需要让警察抵住压力，在高压情况下更加熟练地掌握射击技术及法律程序，往往采取暗条件综合射击训练。

暗条件是指在进行搜索和战术射击时，对警察使用视觉定位并确认危险来源和使用瞄准具进行瞄准造成障碍的照明环境。暗条件可以分成两种：一是微光环境，在这种照明条件下，环境内的光强够让警察定位可能的危险来源，但是不够使用手枪上的瞄准具进行瞄准；二是无光环境，在这种照明条件下，光强无法定位危险来源所在，也无法使用瞄准具。在这两种环境中，由于都无法使用瞄准具进行瞄准，所以射击时大多使用指向射击技术。

在暗条件下，人眼将不断产生新的视杆细胞，否则，视紫红质将在6~10秒内变白，这时人将完全失去对周围环境的视觉感知。视杆细胞产生足够的视紫红质进行活化以适应黑暗，这个过程需要约半小时的时间，而一般情况下，警察很少会进行持续时间达半小时以上的搜索，即使搜索时间很长，警察在最初进入搜索环境时，只靠人眼对黑暗的适应来观察搜索环境也是不现实的。这就是说，当警察在黑暗中进行搜索时需要额外的光源辅助定位危险来源。

一、暗条件下战术射击的战术原则及方法

（一）战术原则

警察在暗条件下的战术行动要遵守使用手电的原则，在暗

条件下进行搜索和战术射击时，警察必须配备有手电。诚然，利用手电照明会暴露警察的位置，但如果没有手电的照明辅助，会增加警察判断危险来源确切位置的难度，甚至会造成误射。在实战中，直接照在嫌疑人脸上的高亮度手电光会减慢其反应速度，甚至会促使其放弃抵抗。在暗条件下发生的搜索和枪战中，持有手电的一方在战术上是占有优势的。如果手电的用法正确，手电光甚至可以起到误导嫌疑人的作用。在实战中，警察往往要在明暗交替的环境中进行搜索，当警察自身处于明亮处，应开手电以彻底清查自己周围可能有危险来源藏身的黑暗之处。当警察自身处在黑暗处，为了隐蔽需要一般不能打开手电。当警察身处黑暗环境，又不得不打开手电以定位危险来源的所在地时或者需要手电光辅助射击时，必须注意两点：一是打开手电后的两秒钟内必须将手电关掉以减少自身暴露于嫌疑人视线内的时间，二是在关闭手电之后必须迅速移开原位至少两步。另外，在打开手电之前应做好三方面的准备，首先，警察自身处于隐蔽位置，手电未打开之前指向想照亮的位置；其次，从近到远照明并搜索，确定好搜索的起始位置，一旦手电打开，充分利用两秒钟进行扫视；最后，做好射击准备，以对嫌疑人可能对自身造成的威胁迅速地进行反击，之后立即关手电并移动到下一个掩体后。

（二）战术方法

暗条件下的警务活动一般危险性较大，我们习惯于采取手电与枪支配合使用的战术方法。一般来说，在暗环境下进行搜索时，警察应一手持握枪支，一手持握手电，并将两手分置于适当位置。警察应使强手持枪于腰际，准备以抵近方式对极近距离内的目标进行射击。弱手持手电于体侧稍偏前的位置。这种姿势可以保证警察保持对环境的充分观察和在复杂环境中行动的灵活性。这时如果嫌疑人突然出现在极近的距离上，警察应保持原来姿势大体不动，将手电照向嫌疑人（最好是面部）并立即开火。而在已定位危险来源并准备接近清查时，应将两手合在一起构成双手等边射姿。如果在搜索过程中，发现嫌疑人可能藏身于离警察较远的地方，而且必须靠近该处进行搜索时，应立即将手电和武器组合在一起以提高射击的稳定性和命中率。

手电与枪支分离和组合使用在整个搜索过程中应随着情况的变化而变化，这样既可以保证在搜索过程中的灵活性，又可以保证在射击时的准确性。

二、暗条件下战术射击的训练方法

暗条件下的战术射击训练方法有很多，经过与一线实际的结合验证，我们总结出了一套比较有代表性、训练效果较好的训练方法。

（一）形成基础战术动作

在使用枪械进行搜索或射击时，应尽量采取双手持握枪支的方式，仅有极少数情况下采用单手持握枪支射击，因此，可供选择的使用手电配合枪支的战术动作共有四种。这四种技术分别以其发明者的名字命名，为方便起见，我们在这里以其英文名的首字母 H、M、C、A 来分别代表这四种战术动作。我们把这四种战术动作按照潜在危险距警察的距离或者交火距离进行归类划分，以便于理解和掌握。

1. 近距离处置战术动作

近距离处置危险的战术动作主要有两种。一种是 M 战术动作，该战术动作要求支撑手自然抓握手电，拇指控制手电开关，以弱手（非持枪手）的大鱼际外侧和手腕外侧为强手（持枪手）持枪提供依托，成韦法射姿。因其弱手抓握手电的方式更加接近搜索时手电和枪分离使用时弱手的抓握方式，所以从手电和枪的分离到组合构成开火姿势很快，缺点在于稳定性稍差。另一种是 A 战术动作，该战术动作类似于 M，更适用于近距离战斗，可以更快成开火姿势。事实上这种技术并非枪和手电的组合使用技术，而是枪与手电分离使用技术的一种改型，使用这种技术时，弱手不为强手提供依托。该动作的主要特征是将手电光直接照到对方脸上，以降低嫌疑人的反抗能力。在搜索过程中，枪和手电是分离使用的。嫌疑人一旦出现，迅速将两手伸出至体前，两拇指根部相对，枪口指向嫌疑人胸部而手电照向嫌疑人的脸，立即开火。转动手腕以直接将光照向嫌疑人眼睛，如果有时间可以利用手电的光亮通过瞄准具瞄准，该技术适合习惯等边射姿的警察。

2. 中距离处置战术动作

该战术动作（即 H）要求射手的支撑手反抓手电，中指控制开关，强手置于弱手手背上，两手背相对，成韦法射姿。注意弱手背曲，弱手肘下沉，为强手提供有利依托。该战术动作适用于中远距离的交火。应用时，应先关手电开关，手电和枪口稍下沉成准备姿势，需要射击时立即打开手电，开火，开火后关闭开关并迅速离开原位。这种动作有两个缺点，一是构成射击姿势时间稍长，二是长时间使用该姿势会产生疲劳。

3. 远距离处置战术动作

该战术动作（即 C）要求射手以弱手拇指和食指持握手电，拇指控制开关。组合时弱手其余三指包住强手除拇指食指之外的三指，电筒筒身贴于强手拇指，以弱手其余三指为强手的依托，使光柱和枪口指向平行。该技术无法很快构成射击姿势，适用于习惯等边射姿的警察，一般使用该技术应对目标距离较远的交火。

这三大类四种战术动作分别以韦法射姿和等边射姿为基础。在进行暗条件下的手枪战术射击训练时，警察应根据自己无手电射击时所采取的姿势选择适用于自己的技术。

（二）运用合理的训练程序

1. 适应性基础训练

该阶段的练习是最基本的暗条件下战术射击，主要目的是锻炼警察在暗条件下分辨目标危险程度的能力和在暗条件下准确命中目标的能力，具体方法如下。

将一辆巡逻用车停在射击场地前大约 45~55 米的距离上，打开头灯，为警察确认目标和射击提供辅助。目标包括三个靶，危险性从高到低，都无法在第一眼准确辨认。在距靶大约 9 米的地方，放置一个桌子，将受训者携带的武器和弹药都摊在桌子上。枪不装弹匣。受训者背向目标，距桌子约 4.5 米，双手举高，听命令转身向桌子前进并上弹匣，上膛，依次向最危险、次危险和最后一靶射击两发。重新装填，再向最危险目标射击六发（如图 3-5-1）。

在黑夜中，距离目标 60 米左右的巡逻车头灯可以为受训射手制造出贴近实战照明条件的战术环境。练习中，教官也可将巡逻车的车灯关闭，造成完全黑暗的环境并要求射手采用手电辅助确定目标危险程度，也可以在标靶组之中设置一非射击靶以增加警察在判断上的失误。

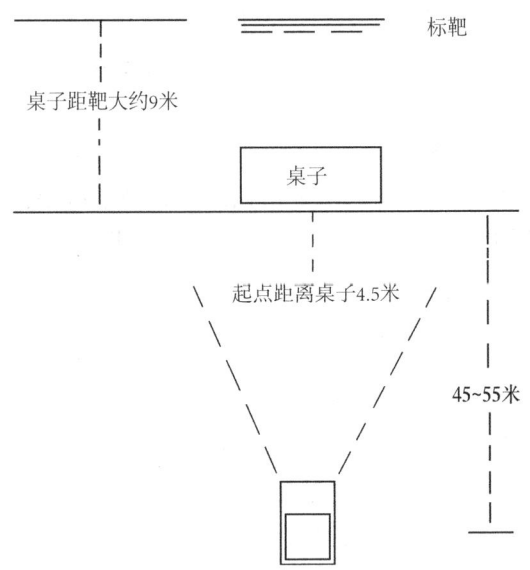

图 3-5-1　暗条件下手枪战术射击训练练习一场地布置图

2. 限制条件提高性训练

多目标靶如上所述，在该靶右侧 4.5 米左右放第四靶，多目标靶和第四靶之间放置 5 个飞碟靶。飞碟靶前方 4.5 米处放一轮胎，轮胎后 3 米处车头向左停一辆巡逻车，只开位置灯。受训者坐在车内，两手放在方向盘上，听命令下车沿车左侧迅速移动直到能看清多目标靶后，按顺序向每靶各射击一发，然后自主找位置向第四靶射击 3 发。撤回车后，重装填后移动到轮胎的位置，向飞碟靶进行射击（如图 3-5-2）。

该阶段训练在上一阶段训练的基础上减弱了照明，增加了射手在确认目标和瞄准射击时的难度。该练习还模拟了警察在战术环境下利用车辆作掩体进行射击的过程。在暗条件下，想要准备命中 4 米之外的飞碟靶，射手必须使用手电辅助瞄准。

第三章 武器使用技能

通过该阶段的训练,一方面增强了警察的抗压能力,通过压力训练检验和磨练了暗条件下的射击技术;另一方面,使训练进一步贴近了实战,为更高阶段的训练打下基础。

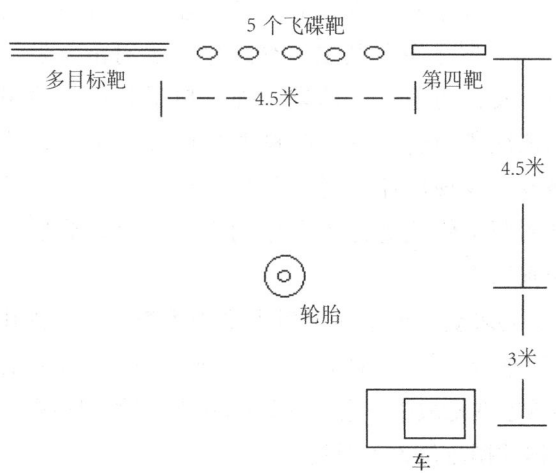

图 3-5-2　暗条件下手枪战术射击训练练习二场地布置图

3. 高压综合训练

该阶段的训练是难度最高的训练,由于在训练过程中无限贴近实战,受训学员可能会承受较大的心理压力,如果战术动作及战术意识磨练得不够完善,那么在强大压力下,战术动作肯定会发生较大的变化,导致不能完成训练或者发生危险,因此受训学员应在充分完成前两个阶段训练的基础上并考核通过,才能进行该阶段的训练。

训练中,受训者坐在车内,双手放在方向盘上,与车平行,距离车右侧 14 米处放 5 个靶,其中的 3 个是射击目标,其余是非射击目标,车前 6 米处放一轮胎,车后 3 米处立一块长 1.2 米、高 2.5 米的胶合板,板上掏一个洞模拟窗户,巡逻车打开头灯（如图3-5-3）。

受训者听命令下车，移动到轮胎处将右脚放入轮胎，依次向3个射击目标各射一发。枪交弱手，强手插进后裤袋，用弱手向3个目标依次各射击一发。强手保持在裤袋中，移到"窗"后，弱手单手装填，继续用弱手射击3发，枪交强手，射击3发，弱手放入裤袋，强手单手装填，并用强手向每个目标依次各射击两发。在整个受训过程中，训练现场会不断地播放一线现场处置时的各种电台交流情况，教官并在受训学员周围不停地进行压力性的干扰，尽量分散受训者的注意力和判断力。

其中，要求受训警察换手射击是为了模拟在枪战中受伤无法使用双手进行重新装填的情况，在练习中胶合板模拟的窗户是为了使警察在枪战中学会使用掩体和支撑物。根据训练需要，可改变掩体的摆放位置和形状。

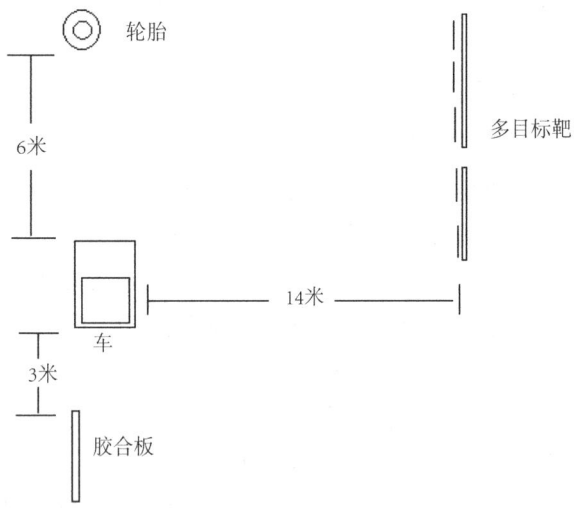

图3-5-3 暗条件下手枪战术射击训练练习三场地布置图

第四章
单警战术

第一节 单警战术要素

一、戒备形态

戒备是警察在一线执法活动中最重要也是最常保持的一种身体及心理状态,戒备状态的存在一方面可以震慑执法对象,另一方面能够保护警察自身在执法活动中不处于被动状态。

(一) 身体戒备

警察在执法活动中首先应该保持身体戒备状态,身体戒备是最基础的戒备状态。

第一,在日常的警务活动中,警察首先应该尽可能地保持工作所需的最基本的身体健康及力量、耐力、爆发力等身体素质,这是形成戒备形态的最基础的条件。只有具备良好的身体条件,才能发展进一步的戒备能力及意识。

第二,在执法活动中,应该养成基本的身体或者说肢体戒备形态。由于警察长期处于高强度工作环境之中,无法长期保持高度的戒备意识,弥补这一欠缺必须通过合理有效的身体戒备形态来完成,如在盘查活动中的徒手戒备状态有扶带戒备、侧身戒备、搭手戒备等,在处置群体性事件或稍有对抗性的事件中的提手戒备，或者在暴力案件中的持枪戒备形态等，这些都可以在危险一旦发生时让警察从戒备形态迅速地调整为防御或者制服嫌疑人的状态。

（二）装备戒备

1. 前期戒备

警用单警装备及车组装备是警察的生命保障线，警察在执法活动前一定要精心检查自己及车组的装备是否齐全，是否能够正常使用，并将单警装备随身携带。要通过长期的工作经验将单警装备佩戴于适合个人使用习惯的位置，在接触执法对象前要习惯性地再检查一遍装备的状态。

2. 中期戒备

在执法活动中根据现场的风险评估，评析执法对象的状态，适时地在不观察装备的情况下用手接触可能会用到的装备，形成即时的装备戒备状态，一旦需要使用，缩短取用装备的时间。

3. 后期戒备

在执法活动结束后，如果使用过装备，一定要及时检查装备的完好性及可使用性，如果发生损坏或者损耗，及时进行更换，确保装备的可用状态。

（三）意识戒备

警察在日常警务工作中或执法活动中应具备风险意识，根据不同的警务活动及现场情况、执法对象情况将自己的戒备意识划分为不同的等级，并要习惯于根据风险评估适时地提升或者降低戒备意识。

1. 初级意识戒备

处理普通事件，执法对象较为配合，没有过激行为，此时警察应保持初级的戒备意识形态，但身体戒备及装备戒备不能松懈。

2. 中级意识戒备

执法对象不配合，情绪较为激动，但不持械，没有对警察进行肢体攻击。此时警察应保持中级戒备意识形态，注意执法对象的情绪，防止发生过激行为，造成自身损伤，此时同样要保持身体戒备及装备戒备。

3. 高级意识戒备

执法对象极其不配合，情绪极为激动，发生肢体攻击行为，或者持械。此时警察应保持高级戒备意识形态，时刻保证安全距离并准备进行制服。

4. 戒备意识的转换

由于现场环境复杂，警察不可能长期处于一种戒备意识形态，应当合理地结合身体戒备及装备戒备，并形成风险评估的战术意识，合理、安全、有效地及时变换戒备意识形态，时刻保证自身安全。

二、掩体利用

(一) 掩体的选择

使用掩体是有效保护自身安全的重要措施，所以有可能的话，警察接近目标或潜在的危险区时，应寻找有掩体的路线，这样一旦受到对方的攻击，可利用掩体抵挡对方的攻击，尤其是对方的枪击。有了掩护物，对方攻击警察就有难度，同时警察也可以有时间作出反应，调整下一步的行动计划。

凡遇上可能会发生枪战的情况，首要事项是找掩体。利用掩体能保护自己免遭中弹，为自己争取时间以评估形势，另外可以战略性确定对方的位置，在需要时可以开枪还击。

作为警察要清楚掩体与隐蔽物的区别。掩体是能挡子弹的物体，其至少能改变子弹的方向或使子弹减速。室外掩体包括：木制或水泥电线杆、汽车、金属制垃圾箱、电话亭或交通亭、消防灭火栓、邮箱、路堤、水泥或金属楼梯、建筑物的墙角、树木等，室内掩体包括：商店柜台、墙壁、沉重的家具等。隐蔽物只是一种障碍物，能作隐蔽用。隐蔽是指防止被对方看见。它包括利用自然或人工制造的物体进行隐蔽，如灌木丛、矮树丛、小树林、高草丛、黑暗、烟雾、人群、移动的车队、汽车车门、垃圾桶、邮箱、电话亭，以及能够隐藏自己的任何东西。但要注意，虽然隐蔽物可能使警察避免被击中，但隐蔽物本身是不能抵挡子弹的。

通常，掩体与隐蔽物体是紧密结合在一起的，但掩体的显著特征是其具有能够保护警察不受致命武器打击的能力。因此，要学会在行动中随时快速对掩体作出识别和判断。掌握了掩体的判断后，更重要的是要掌握掩体的选择。对掩体的选择应考虑几个方面。

1. 面积

掩体的面积大小应以能掩护警察的全身及容许其保持射击姿势为原则。

2. 形状

不规则形状较规则形状的掩体好，因为可以减少被对方察觉的机会。

3. 厚度和密度

理论上，掩体越厚密度越高越好，不过，也要视对方使用的枪支情况而定，不能一概而论。例如，现今一些灯柱是用轻金属制造的,可以作为掩护物来避免受到大部分类型手枪的伤害,但不能抵挡步枪的射击。

4. 掩体的位置

能够以最短时间到达掩体是十分重要的。如果掩体距离警察太远,跑往掩体时会令警察暴露太久而令被击中的风险增加;同时,如果目标距离警察的射程太远,便会令他处于一个更加不利的位置。因此,警察必须尽量考虑其他可使用的掩体及其到达或撤退的路线。

(二)掩体的使用

掩体的使用要同射击姿势相结合。例如,如果掩体是灯柱,警察便须侧身站立,才可保护身躯。要避免采用卧射及坐射姿势,因为容易受到子弹反跳所伤,这种姿势也令警察在需要时不能作快捷地移动。因此,如可能的话,须尽量采取站立的射击姿势及在掩体后的强手面活动。

另外,除非必要,应留在掩体后面不要离开。如果因某种原因被迫离开,如对方到了另一位置,而对警察构成了威胁,需要改变原来位置时,应采取转移策略。转移要在队友的掩护下进行;离开掩体之前,要先确认新的掩体及路线;条件允许的话,要检查枪支弹药是否充足;转移时要快,应横向越过危险区而不要直接向前,到达一定位置后在安全的情况下重新评估形势。

在实战中有时会两人共同使用一个掩体,这时在选择掩体时应考虑它的面积及形状,以及该掩体是否足够为两位或更多的警察提供保护。理想的掩体应以2名警察可同时各占左右一侧为原则。倘若2名警察必须共同使用掩体的同一侧边,他们应该注意各自的姿势。贴近掩体的警察必须采取跪姿,这样身后的警察就有较多空间；而后面的警察必须采取站立姿态，而且要略为俯身向前，以配合前面跪姿的警察；站立的警察不应站在跪姿警察身旁，以免阻碍其活动甚至意外地将他推离掩体。在保证警察安全的前提下，两者之间的协调尤其重要，可用简单而直接的身体接触进行，如站立的警察可略曲膝接触跪姿警察的背部以提醒对方他们仍共享掩护物的同一面；如需拔枪或开枪，站立的警察须小心，以免枪口指向跪姿警察。站立警察须将枪伸出并越过跪姿警察的头顶。这样做也可确保跪姿警察如需突然站起时不致被站立警察意外射中。如有必要使用长枪，因长枪在持枪时所占用空间较多，应由后面站立警察使用，而前面跪姿警察使用手枪。

如警察抵达时，该掩体已被其他警察占用，他只需用弱手轻拍占用警察的肩膀以通知对方他已到达，然后将其肩膀按下，使其顺势采取下跪姿态。如果原先的据枪警察已经采取下跪姿态，后抵达者只需轻拍其肩膀，然后用膝部接触其背部即可；如果还有第三位警察抵达同一个掩体，那么后来者就充当警戒者或通讯联络者，无需拔枪采取任何射击姿态。

(三) 掩体后的观察

从掩体后面进行观察可以使用三种基本方法：一是快速窥视，二是切角观察，三是使用镜子观察。

1. 快速窥视

在掩体后面保持一个平衡位置并预备好枪械，快速地探头视察，尽量减少暴露头部及身体。如需要再次窥视，应从另一高度探头视察。头部及枪械应动作一致，同时伸出及退回，如警察需要立即开枪，可快速作出反应，否则应保持贴身持枪戒备状态。如果有威胁出现，警察在对方作出任何反应之前应已退回到掩体后面。

快速窥视法为警察提供较佳的保护,但警察控制明显威胁的能力则相对较弱,而且不能观察到其他隐藏的威胁。

2. 切角观察

这种方法用于清楚观察转角位最有效。当向角位推进时,避免过分接近墙壁。与角位保持的距离越远,警察的位置越有利于较快见到对方。警察要平稳地移动,绝对避免让对方首先见到。

切角观察对于明显的威胁可提供较好的控制及反应,以此方法观察的效果较好。但是如果有其他嫌疑人藏匿在别处,警察便有受到攻击的危险。

3. 镜子窥视

镜子窥视的优点是能够容许警察在不暴露身体任何部分的情况下观察,在处理复杂性潜在危险的区域时、需要较长观察时间及形势评估时尤其有效。

镜子窥视可为警察提供最佳保护,使警察不必暴露身体。当使用较大的镜子时,可观察的范围亦相应增加。使用镜子始终是最慢的观察方法,但却是最安全的,尤其是在处理复杂性或高危性的情况时。

(四)掩体后的射击

从掩体后面射击,首先应选择对警察构成最大威胁的目标射击。射击时应尽可能在掩体的侧面而不是在其顶部瞄准开枪。在掩体侧面开枪可减少身体暴露给嫌疑人射中的面积。也不要让枪接触到掩护物的任何部分,因为枪支的后坐力会改变,影响准确性及再次瞄准目标的速度。如果需要掩体做支持,可以用弱手或前臂靠着掩体的表面。

另外，可行的话尽量利用掩体的强手一侧，采用立姿射击；即使在掩体弱手一侧开枪射击，亦应利用强手持枪；在射击中，即使已击中嫌疑人，仍须继续瞄准及保持警觉，因嫌疑人仍然可能会构成威胁。在无足够支持掩护及应付对方之前，不要离开掩体上前抓捕或搜查嫌疑人。

三、距离控制

安全源于距离，距离能使警察获得反应的时间，使嫌疑人不能轻易地攻击到警察的身体。距离嫌疑人的远近也是安全的重要因素。距离嫌疑人既不能太近也不可太远，要根据执行的任务来决定。任何情况下都要保持与对方至少一臂距离，根据现场及嫌疑人情况，适时增大或减小安全距离。如果要对嫌疑人实施带离或上铐，必须非常慎重地接近并在对对方控制的情况下实施近身控制、上铐、带离。

（一）接近控制

通过观察分析后，应根据自己的判断，灵活选择、确定接近嫌疑人的方式和控制方法。在接近嫌疑人时，一定要保持观察并一直留意其体貌特征和行为举止是否符合当时的、当地人的惯常习惯。要留心有危险的地方，如高楼的高空掷物及悬挂物、交通路口、河溪桥梁等，尽量从安全的地方接近。可进行换位思考，预计一下嫌疑人逃跑的最佳路线，从而找出最好的方式和方法接近，防止目标逃匿。

在接近时一直要有充分的心理准备应对或处置突发情况（并作好最坏的打算），直至情况明朗为止。

（二）位置控制

警察在执法行动中应根据情况选择对自己有利的位置。选择的地点应满足以下几点要求：

第一，宜明不宜暗，光线条件要好；

第二，宜宽不宜窄，要有相对大的周旋余地；

第三，宜处于相对封闭的地点，不宜处于开阔地，要让嫌疑人背向墙、车、栏杆等位置，相对封闭的地点不便于其逃跑；

第四，宜直不宜弯，要在能控制现场环境或容易得到支援的地点和道路等场所；

第五，宜隐蔽，不宜暴露，要尽量借故将盘查对象带离人群至安全处进行处置，以避免无关人员的围观，引起混乱，也可防止盘查对象同伙逃跑或上前救助。

(三) 站位控制

站位是指警察执法时与对方所处的位置。它是一种空间的控制，是警察在众多空间位置中选择的最合理的一个。合理站位的意义十分重要，它将直接影响到警察下一步行动的效果。站在有利的位置上，警察可以在最低的危险程度下完成盘查、控制对方和自卫等行为。

1. 基本站立姿势

基本站立姿势是单警战术的基础动作。其要领是：两脚前后开立，稍比肩宽，侧身站立，重心在两脚之间，眼睛注视嫌疑人的上半身，特别是双手、肩部和眼。

注意：

(1) 绝对不要走入嫌疑人能够直接踢到的距离。

(2) 以没有枪械的一边（弱边）及以45°角面向嫌疑人，这样可以防止夺枪，并能够在遇到袭击时迅速后退。

(3) 不要直接面对嫌疑人，保持一个角度，这个角度可确保警察的双膝和裆部不容易被直接攻击到。

(4) 警察千万不能背向嫌疑人或让嫌疑人的双手离开自己的视线范围。

2. 侧应站位

侧应站位，即当 2 名警察进行执法活动时，1 名侧对嫌疑人站立，负责监控的警察位于嫌疑人的左侧或右侧。以一般人多用右手掏拿习惯来看，站在嫌疑人右侧能及时控制其右手。

3. 前后站位

前后站位，即当 2 名警察进行执法时，1 名侧对嫌疑人站立，负责监控的另 1 名站位于嫌疑人的身后。

四、手语沟通

现场处置过程中，很多情况下采用的是手语沟通，手语沟通是指利用手指、手掌和手臂所作出的动作、姿势传达一些特定内容的通信方式。

(一) 手语沟通的优点

手语是利用手势进行沟通的一种简易的沟通方式，它无须依靠任何设备或电源，发信者在传达信息时，不会产生任何声响，更不会像无线电通信那样容易被窃听或干扰，即使嫌疑人看到警察的手语信号，也无法进行干扰，具有隐蔽性和抗干扰性的特点，这正是手语沟通优于无线电通信之处。手语的发出和接收是同步的，不存在延迟问题，保证了信息传递的最大实时性，对警察捕捉战机帮助极大。警察使用手语的方式、内容可以根据实际工作环境、任务需要自行制定，体现了手语沟通的灵活性。随着训练和实战使用经验的不断积累，警察可以充分发挥创造力，使手语能够传递更丰富的战斗信息，并对手语不断修正完善。

(二) 手语沟通的缺点

手语沟通的最大的缺点是容易引起误解。在很多时候人们使用语言表达一个意图时,都未必能够及时准确地表达清楚,手语依靠手臂的简单动作必然更不容易完全准确地表达某个信息。所以使用手语沟通时,收发信息的双方必须在对方的视力范围内,同时,要考虑到传递信息的效果和可靠性极易受到现场环境影响的因素。如现场光线暗淡,烟雾弥漫,中间有障碍物阻断视线,警察位置、行动队形等都会降低手语沟通的效果和可靠性。

(三) 手语沟通的要求

1. 手语动作要规范准确

每一个手语动作表达一个内容。沟通的基础是双方按照规定动作表达、理解一个意思表示,不能出现一个动作代表若干内容的情况。发出手语必须按照规范标准的动作传递信息,动作不可太快,防止接收者无法理解或错误理解,出现行动失误。

2. 手语动作要简单明了

手语动作要突出信息内容,一次行动中使用手语动作不宜过多,太多太细的手语动作会导致在行动现场产生误解,造成重大失误。

3. 尽量使用非持枪手即弱手做手语动作

警察在行动中必须保持高度的戒备,持枪指向危险方向,应对随时可能出现的威胁,发信号警察在紧张的形势下不可能回头或转身向后方警察发出指示,所以在行动中采用手语沟通时都要单手操作,强手持枪戒备,弱手做手语动作进行沟通。

4. 根据现场环境情况，灵活使用手语

使用手语沟通时一定要考虑现场光线、距离等环境的变化，随时改变沟通方式，保持现场信息沟通顺畅无阻。在现场环境严重影响手语准确表达、传递和接收时，不可固执呆板地坚持使用手语进行沟通。总之，手语沟通要随着行动现场的实际情况而机动灵活使用，充分发挥其隐蔽、快捷的沟通优势，以保证行动和警察的安全。

以下列举几类常见的手语沟通。

（1）告知。

你：伸开手臂，以食指指向对方（见图 4-1-1）。

图 4-1-1

我：以食指指向自己（见图 4-1-2）。

图 4-1-2

那里：伸开手臂，用食指指向目标（见图4-1-3）。

图 4-1-3

听到：举起手臂，手指间紧闭，拇指和食指触及耳朵（见图4-1-4）。

图 4-1-4

收到：伸开手，大拇指和食指呈圆圈状，与"OK"的手势相同（见图4-1-5）。

图 4-1-5

明白：手腕举到面额高度并作握拳状，掌心向着发出指令者（见图4-1-6）。

图 4-1-6

看见：手掌的掌心稍微弯曲，手指间紧闭，将手掌水平放置在前额上（见图4-1-7）。

图 4-1-7

不明白：手臂弯曲，掌心向上举至与肩膀同高并耸肩膀（见图4-1-8）。

图 4-1-8

停止：五指自然成掌，掌心推向联络者（见图4-1-9）。

图 4-1-9

集合：手腕作握拳状，高举到头顶上，食指垂直向上竖起，缓慢地作划圈运动（见图4-1-10）。

图 4-1-10

掩护我：把手举到头上，弯曲手肘，掌心盖住头顶，并作前后移动（见图4-1-11）。

图 4-1-11

(2) 人物。

成人：手臂向身旁伸出，手部抬到肩膀高度，掌心向下（见图4-1-12）。

图4-1-12

小孩：手臂向身旁伸出，手肘弯曲，掌心向下固定放在腰间（见图4-1-13）。

图4-1-13

女性：掌心向着自己的胸膛，手指分开呈碗状（见图4-1-14）。

图4-1-14

男性：以掌心在自己面颊上做上下擦拭动作（见图4-1-15）。

图 4-1-15

人质：用手卡住自己的脖子（见图4-1-16）。

图 4-1-16

嫌疑人：以拇指和食指做成圆圈状，套在另一持握武器的手臂上，状似扣上手铐（见图4-1-17）。

图 4-1-17

五、强制手段

警察在执行勤务中,要想根据执法现场的对抗需要和提供的条件来有效地使用强制手段,首先,应时刻保持警觉。任何突发的事情都可能是致命的,所以警察必须要学会如何面对无法预料的反抗行为。其次,要学会使用适当程度的强制手段,一旦出现反抗,能使用适当的强制手段及时有效地制止和控制反抗行为。警察在执行盘查、检查、押解、抓捕、查缉等勤务活动中或面对任何人的时候,都可能面对危险。警察应做好准备,如有需要,随时自卫,并使用适当程度的强制手段控制反抗行为人。警察使用强制手段的合理性体现在强制手段程度的适当,即必须是为了达到目的,而且使用当时情况最为适合的最低程度的强制手段;达到目的后,又必须立即减缓或停止使用。警察使用的强制手段必须高于嫌疑人的暴力程度。嫌疑人徒手攻击,警察应使用警械;嫌疑人拿起匕首,警察就应出枪。如果嫌疑人持刀逼近,警察在来不及出枪的情况下,应拉开距离获得安全空间,同时出枪控制嫌疑人。总之,不管是在对抗力量的攻击效能上,还是在警力人数上、装备上或是在对抗的时间和空间上,要想制服嫌疑人的反抗,警察必须优势于对方,只有这样才能争取行动的主动。

《公安机关人民警察现场制止违法犯罪行为操作规程》第14条明确列举出了警察在现场处置过程中的强制手段使用等级,具体内容如下。

"本规程所用术语的含义如下:

处置措施,是指公安民警为现场制止违法犯罪行为而依照本规程采取的强制手段,由轻到重依次为:口头制止、徒手制止、使用警械制止、使用武器制止。

口头制止，是指公安民警为制止违法犯罪行为而发出强制命令。

徒手制止，是指公安民警使用身体强制力制止违法犯罪行为的强制手段。

使用警械制止，是指公安民警使用《人民警察使用警械和武器条例》规定的驱逐性、制服性、约束性警用器械制止违法犯罪行为的强制手段。

使用武器制止，是指公安民警在紧急情况下，根据《人民警察使用警械和武器条例》第9条的规定，使用武器制止暴力犯罪行为的强制手段。"

第二节　单警战术动作

一、枪支操作

（一）95式步枪操作动作

1. 戒备姿势

（1）高姿戒备。

高姿戒备用于处置远距离目标，枪托底部置于右侧腰带上，枪口高度略低于眼，形成一条"眼睛—枪口—目标"的瞄准线，一旦目标或威胁出现，警察只需将枪托提至肩窝，面颊贴于枪托，即可快速构成瞄准射击。高姿戒备的不足之处是，步枪枪口及枪身会阻碍警察近距离的视野，因而不适于近距处置。

（2）低姿戒备。

警察采取低姿戒备时，枪托底部压着肩膀，枪口下垂，枪身与水平线略成45°。由于警察视线完全不受阻碍，便于进行搜索或遇有突发险情时的快速反应，因此低姿戒备适合近距离处置。当警察射击一个目标或射击后察看效果时，只需将枪口略微下垂，满足视觉观察即可，一旦需要又可迅速恢复射击姿势。

（3）室内戒备。

室内戒备是从低姿戒备引申出来的持枪动作，步枪靠近身体完全下垂，枪口朝向身体左侧下方，左小臂贴于腰际。这种动作可令警察在狭小空间机动时避免步枪被障碍物阻绊。

（4）肩平戒备。

肩平戒备主要应用于高度危险环境。枪托底部顶着肩膀，使枪口略低于下颌，枪面略低于视平线5~10厘米。

2. 射击姿势

（1）立姿射击姿势。

立姿射击在所有射击姿势里完成动作所需的时间最少。当目标稍纵即逝，来不及做其他更稳定的射击姿势或受现场环境限制时使用。由于重心高，身体没有依托，故射击精确度较低。射击后，迅速回复准备姿势，观察目标约一秒钟，以决定是否需要继续射击，然后视线采取"左侧—目标—右侧"的次序扫视一番，以确定没有另一个嫌疑人出现带来威胁或其他人走入射击范围。在近距处置的场合，警察需不断穿越门、窗等障碍物，持续保持机动，不大可能停下来做出完整的立射姿势，为了不错失射击时机，警察需采行进间立姿射击。上身微向前倾，形成向前挺进之势，肩膀、双膝正面朝向目标，右手肘稍向下垂，以加强身体左右平衡。动作要领：立姿射击通常是由准备姿势做出，右手握持握把顶端位置，虎口抵压着握把背面。当提枪上肩的一刻，大拇指同时拨动保险杆，让步枪进入待发状态；左手掌承托着护木，发挥"平台"的作用，手臂不可倾向左右任何一侧，否则会在射击的一刻影响枪口的指向；上身可略向前倾；左手大臂与小臂成90°；手肘内侧紧贴弹匣；身体重量平均分配于双腿上，可令射击姿势更稳固；右臂保持水平姿态；双腿分开约与肩宽，脚尖微向外。

（2）跪姿射击姿势。

跪姿射击是最常采用的射击姿势，适合不同环境，尤其是警察躲于低矮的掩护物后方，为减少暴露面积时采用。警察只要移动左脚及右膝，即可迅速修正瞄准线的左右指向，改变右脚前后位置可影响瞄准线的俯仰角。动作要领：警察在进入跪姿前，面对射击方向，想象自己站于钟面的6点钟方位，目标在12点钟方向上；左脚向前踏出一步，落在11点处；右脚扭动，使之与瞄准线成90°；当跪下来后，右腿、右膝便会和瞄准线成直角；枪械由左手承托，左手肘搁在左膝盖稍向外位置上，避免影响手臂的稳定性；右臂提起至肩膀或略低的高度上，切勿对握把作拉扯动作；左脚尖稍向内，可减少身体的摆动倾向；左脚板平压地上，小腿与地面垂直；右脚板垂直于地面，脚趾平压地上，体重通过臀部传至右脚踝上。

（3）蹲姿射击姿势。

蹲姿射击姿势同样是一个可供警察快速进入及退出的射击动作，适宜在遍地泥泞、积水或碎石的地面，不便作跪射姿势时采用。射击后，需要观察目标及其左右方，确认没有威胁时才退出此射击姿势。动作要领：在做出蹲姿射击姿势前，面向目标，身体与目标成30°~45°。蹲下的同时，拉枪机送子弹上膛，双膝弯曲，直至大腿背部压在小腿上，脚跟着地，双手肘放于双膝稍向外的位置，令左手手臂三头肌刚好搁在左膝，右手臂则靠在右膝内侧。双脚分开约40厘米。

(4) 坐姿射击姿势。

坐姿射击适用于长时间埋伏的环境,较跪姿、蹲姿能更准确地射击。对于以近距离处置为主,讲求机动性、灵活性的警察来说,坐射姿势在处置任务时作用不大,但坐姿稳定性及利于作高低角度射击的特性,使它同样成为警察必须掌握的射击姿势。完成射击后,维持原来的坐射姿势,观察目标,确认射击的结果后,再站起来,退出坐射姿势。站立过程中,可先采取跪姿动作,然后再完全站起来,这样可保持双手不离枪,随时对突然出现的威胁作出反应。动作要领:警察做准备姿势,身体与目标成30°~45°;左脚横越右脚跨出一步,形成双脚交叉的姿势;在坐下的同时,射手提枪上肩;双腿曲膝盘坐地上,右腿承托着左小腿,双脚紧贴地面并靠近身体;手肘搁在双膝内侧稍前位置上;枪械重量落在左手肘上。

(5) 卧姿射击。

卧姿射击是最稳定的射击动作,射手伏于地上,重心贴近地面,身体有效承托枪械及吸收射击后坐力,适宜远距离射击或长时间埋伏时采用。因为进入和退出卧姿时需较长时间,因此跟坐姿一样,不利于警察经常遇上的近距处置环境。此外,卧姿也有一些缺点。首先,它需要有平坦的地面供警察作俯卧姿势,凹凸不平和过于倾斜均不利于瞄准目标。其次,卧姿对射击俯仰角度限制较大,警察与目标间不可存有任何阻挡视线的障碍物。退出卧射姿势时,以左手撑起上身,双膝跪地,同时扫视目标和左右侧,双手持枪,以防威胁突然出现,然后回复立姿准备姿势。动作要领:进入卧姿前,身体与目标方向成45°~80°;然后弯曲双腿,双膝先着地;身体向前伏下,避免步枪碰触到地面;左手着地作支撑步枪向前伸出;上身伏地时,以右手肘作承托,身体略向左滚动,恢复双手持枪;双脚分开约 80°，脚尖向外，脚跟着地；步枪不可触及地面，上身在双臂支撑下离开地面，以免影响肺部呼吸，通过改变身躯方向来控制枪口的方向。

(二) 92 式手枪操作动作

1. 戒备姿势

(1) 高姿戒备。

双手持枪于胸前，大小臂弯曲，肘关节指向地面，使枪与面部保持 30~40 厘米，枪口指向前上方，枪口高度不得超过下颌，眼睛观察前方，扣扳机的食指放于扳机护圈外。此姿势适宜在较狭窄地方使用，如窄巷、住宅楼内狭窄区域及楼梯等。

(2) 低姿戒备。

双手持握手枪，持枪手臂伸直，大臂与身体夹紧，使枪置于小腹前约 30 厘米处，枪口指向前下方。两眼注视前方，随时准备抬臂射击。此种姿势适宜在宽阔的空间使用，如马路、街道或建筑物较大的公共地方。

(3) 胸前戒备。

双手持枪并将枪置于胸腹前，两手腕贴靠胸，枪口指向前方观察区。此姿势适用于狭窄空间，也适用于空旷的地方，在需要控制目标时，能够快速前伸控制目标，如果情况紧急也可直接射击。

(4) 抵腰戒备。

单手：以强手持枪并保持在腰间位置（在强手边），枪口指向前面的危险地方。弱手可腾空作开门或推开障碍物之用。此姿势适宜在极狭窄地方或在可能面对面相遇的情况下使用。

双手：应以两手持枪并保持在强手侧腰间位置，枪口指向前面危险的地方。此姿势适用于执行较长时间而要拔枪戒备的搜查。

（5）肩平戒备。

双手持枪并前伸，手臂基本与肩平，使枪保持在近乎肩膀水平以下位置，枪口指向前方的观察区，需要时可将枪迅速提升至视线水平位置射击。此姿势最适宜在高度危险情况下使用，其最大的优点是能够迅速开枪而无需放弃视线的警觉。但此姿势长时间使用较易疲劳，故一旦受威胁程度降低，就应转换为另一种姿势。

2. 手枪战术技巧

（1）快速更换弹匣。

更换弹匣时，枪内留有一发子弹，不但可以对正在换弹匣的警察起到保护作用，而且可以节省套筒复位上膛的时间。弹匣内剩余子弹增加了弹匣的重量，可以使弹匣在滑落的过程中更加顺畅。换弹匣时要注意以下事项：一是尽量不要在跑动过程中更换，要选择在掩护物后进行；二是换弹匣时双眼不能离开目标；三是备用弹匣永远放在身上同一位置；四是如果正在为队友提供火力支援，那么在换弹匣时必须喊出口令"找隐蔽！"令警察有所警惕。

（2）紧急更换弹匣。

在枪中子弹用尽的情况下，紧急更换弹匣的程序是：最后一发子弹射出后，套筒被锁定；左手从弹匣袋内抽出备用弹匣，掌心压着弹匣底部，整个食指紧贴弹匣的正前面，其余手指环抱着弹匣。整个紧急更换弹匣程序里，双眼和手枪都要保持盯着目标；右手拇指按动握把上的弹匣卡榫，让枪中的空弹匣自由落下；不要试图将备用弹匣垂直向上推入握把内。由于眼睛要注视着目标，弹匣顶端不容易"瞄准"握把上的弹匣槽口，因此要先以左手托着弹匣水平贴近手枪握把，弹匣后端抵压着弹匣槽口，然后将弹匣水平后拉。当感觉弹匣顶端对正握把上的弹匣槽口时，扭动弹匣，以掌心水平托着弹匣底部，向上将其送进弹匣槽内。

（3）战术性更换弹匣。

当战斗告一段落，但尚未完全控制现场情况，危机有可能随时再现时，为及时补充弹药，需要采取战术性更换弹匣时，手枪微微向下，以免阻碍双眼视线，但枪口必须指向危机可能出现的方位；左手抽出备用弹匣，手法与紧急更换弹匣相同；当托着弹匣的左手碰到握把底部时，右手拇指按下弹匣卡榫，让空弹匣自然脱落；当空弹匣退出一半时，以左手中指和无名指将其夹住；扭动左手腕，令备用弹匣的顶端对准握把上的弹匣口；将备用弹匣向上完全送入握把内。应养成习惯，不要将换下的弹匣放入备用弹袋，而是将其放入其他袋子。

3. 转向射击动作

（1）立姿停止间转身射击动作。

①停止间右转射击。

右脚向右后撤步，以左脚为轴，身体向右转。在转体的同时，右手取枪，呈立姿双手据枪射击姿势。

②停止间左转射击。

右脚向前迈步，以左脚为轴，身体向左转，在转体的同时，右手取枪，呈立姿双手据枪射击姿势。

③停止间后转射击。

右脚向右后迈步，以左脚为轴，身体由左向右转。在转体的同时，右手取枪，呈立姿双手据枪射击姿势。

（2）行进间转身立姿射击动作。

①行进间右转立姿射击。

以左脚在前时，以左脚为轴，身体向右后撤半步、向右转；当右脚在前时，以右脚为轴，左脚向右前方迈步，身体向右转，在转体的同时，右手取枪，呈立姿双手据枪射击姿势。

②行进间左转立姿射击。

以左脚在前时，以左脚为轴，右脚向前迈步，身体向左转；当右脚在前时，以两脚掌为轴，身体向左转。在转体的同时，右手取枪，呈立姿双手据枪射击姿势。

③行进间后转立姿射击。

以右脚在前时，身体向左向后转，右脚跟上；当左脚在前时，身体向右向后转，左脚向后撤步。在转体的同时，右手取枪，呈立姿双手据枪射击姿势。

(3) 行进间转身跪姿射击动作。

①行进间向右转跪姿射击动作。

当左脚在前时，以左脚为轴，身体向右转，右脚向右迈步，跪左膝；当右脚在前时，在转体的同时，右手取枪，呈跪姿双手据枪射击姿势。

②行进间向左转跪姿射击动作。

当左脚在前时，右脚向右前迈一步，以左脚为轴，身体向左转，左脚向左迈半步，跪右膝；当右脚在前时，按以上要领转体后，左脚向左迈一步，跪右膝。在转体的同时，右手取枪，呈跪姿双手据枪射击姿势。

③行进间向后转跪姿射击动作。

当左脚在前时，右脚向左前迈一步，以两脚为轴，身体由左向后转；当右脚在前时，按以上要领转体后左脚向左前调整位置。在转体的同时，右手取枪，呈跪姿双手据枪射击姿势。

(4) 行进间转身卧姿射击动作。

①行进间向右转卧姿射击动作。

左脚在前时，向右转体，同时右手取枪，按卧倒要领卧倒，呈卧姿射击姿势（可将左拳垫在右手腕下部，右手据枪）。

②行进间向左转卧姿射击动作。

右脚在前时,向左转体,同时右手取枪,按卧倒要领卧倒,呈卧姿射击姿势。

③行进间向后转卧姿射击动作。

身体由左向后转,同时右手取枪,按卧倒要领卧倒,呈卧姿射击姿势。

二、战术机动

(一)确定运动路线

1. 直线前进

直线前进是取捷径直接朝目标位置运动的方法,意在快速接近目标,争取战斗实效性,防止目标转移或撤离。运用此方法时应尽量避开嫌疑人的观察和射击角度,从侧面或后面直向接近,尽量缩短被嫌疑人发现的时间。但由于现场环境的客观性,从远距离直线接近的机会很少,通常较多使用在突击发起的瞬间。

2. "之"字路线前进

顾名思义,"之"字路线接近是指警察在有一定嫌疑人火力威胁的条件下,为有效利用掩护物或掩蔽物,而沿折线运动,类似"之"字。这种运动方式有利于躲避嫌疑人的观察和火力,能够自然借助地形,容易实现警察间的交替掩护动作,但也会因不断变换方位失去对目标的监视,增加了接近时间和距离。

3. 蛙跳式前进

蛙跳式前进是模仿青蛙运动而形成的一种接近方式,当条件有利时迅速向前跃进,而后选择合适的停留点隐蔽观察,伺机再进。行进中方向和距离视警情、地形灵活掌握,有时间观察战场态势的变化。运用这种方式接近时，要提前选好预定停留点，跃进动作要快速，距离要适当，在停留点的行动要肃静隐蔽，离开隐蔽位置时要仔细观察下一行动区。

（二）调整运动姿势

警察在持枪运动中，由于身体始终不停地起伏变化，会对持枪动作的平衡性造成一定影响。快速运动可能导致身体负荷加重，呼吸、心跳节奏及肌肉紧张程度都较平时剧烈，运动过程中还可能不断地改变警戒的方向和枪口的指向，这些都可能影响据枪动作的稳定性及瞄准击发动作的准确性。运动中往往需要警察在一手持枪的同时用另一只手进行翻动、检查工作，破坏了日常所训练的射击动作习惯。此外，运动过程中所处的地形、环境条件也往往限制了警察正常据枪动作的使用。事实上，在战术行动中，敌我双方都完全处于静止对抗状态的情形是极为少见的，对抗中至少有一方是处于运动状态中的。必须以合理的姿势、动作适应运动状态对战术动作的要求，努力消除运动对原有据枪、瞄准、射击等一系列动作的不利影响。在搜索、强攻等高风险情况下持枪运动应遵循如下的战术动作要点（假定右手为强手，如左手为强手则动作相反）。

1. 调整行进步法

一般情况下，警察在运动中很少需要对步法进行刻意调整，过于强调对平常习惯步法的调整和改变，会令警察束手束脚。但在接近攻击目标或接近危险区域，即将发动攻击时，警察往往会出现屏住呼吸、步幅减小、脚步放轻等本能反应，一旦发生意外情况，往往会根据日常训练的定型动作或遵循人体的生理特点，不加考虑地作出最自然的反应。调整步法，就是要以最合理的动作应对威胁，保持人体最佳的反应状态。

(1) 减缓步速。

在接近前期较为安全的区域内行进，一般要采取大步快速前进的行进步法。在即将逼近目标的较危险区域内行进，则应适当减缓步速：一方面，减小动作幅度和激烈程度；另一方面，可借此调整呼吸和心率，保持最佳的状态。

(2) 调整姿势。

以追求速度为主要目的的动作不适合战术运动中的接近阶段。在接近处置前，要求身体姿势保持必要的灵活性和弹性，避免做出过分的、僵硬的、不必要的大幅度动作。持步枪行进时，上身稍前倾，双膝微曲，两臂肘部内收，右上臂贴紧胸部，双眼视线与枪口指向保持一致；持手枪行进时，采取对等三角形据枪姿势，其他动作则与持步枪行进时一样。

(3) 改变步态。

改变步态，即较常规行走缩小步幅，加大步宽。由于行走习惯的不同，每个人行走时的步角、步宽等都有所差异。正常行走时双脚交叉起落，有助于提高行走效率，但对身体的灵活性和平衡有不利影响，也会降低身体对不同方向的反应能力。过小的步宽则可能使双脚相互摩擦，在紧张情形下易失去平衡。持枪战术运动时步幅应小于正常步幅，步宽应加大至与两肩同宽，双脚基本保持平行前进，不可相互碰触，靴底尽量靠近地面，让身体看来好像在滑行。这种步态可有效避免上身及双眼起伏过大，使其保持相对稳定的高度。

(4) 左脚起步。

受人体生理结构特点的限制，在进入房门、绕过拐角、跨越障碍等情况时，都应当以左脚起步。人在行走时的骨盆转向与前脚的方向相反，跨出左脚时骨盆转向右侧，跨出右脚时骨盘则转向左侧。右手持枪时，人对左侧的反应能力和控制范围都要大于右侧,如果以右脚起步,只会扩大人对左侧的控制范围,对右侧的控制则相应地变得更小。以左脚起步,可以有效弥补人体对右侧反应的不足,使身体反应处于较为均衡的状态。

(5) 拖步逼近。

在已经接近目标、战斗一触即发时,应以拖步逼近。令脚步放慢,身体保持平衡,以便能对预期中出现的威胁作出最快反应。一旦要扣动扳机射击,稳定的姿势可使武器得到身体有力的承托,令射击效果更理想。前进时左脚尖向前迈出半步,步距与肩同宽,左右脚掌互成90°。右脚小心地跟进,直至靠近左脚,但互不碰触。双脚稳定后再迈出左脚。前进时双脚应尽量贴近地面,使身体在移动时好像在平稳地滑行。要避免踏脚过于用力,或使鞋底在地面拖拉摩擦。前进时要保持身体姿势的弹性,重心稍前倾。

2. 调整据枪姿势

在某些特殊情况下,如接近拐角、障碍物时,需要对据枪的姿势进行调整,以获取更好的隐蔽或掩护效果。

(1) 向右调整。

如安全区域在自己前方左侧,需进入安全区域右侧的较危险区域,则要将据枪控制的重点向右侧调整。可采取韦法据枪姿势,头偏向右侧,右手据枪,右臂向前伸直,使右眼与枪口位于同一垂直平面上,身体右侧尽量不要暴露在危险区域内。

(2) 向左调整。

如果需要调整据枪的情况与上述情况相反,则需向左侧调整。如果射击训练中专门加强针对弱手持枪的训练,此时可改用左手持枪,其他要点与向右调整持枪的动作相同。如果弱手据枪射击动作不熟练,可以仍以右手持枪,将枪身逆时针旋转90°,使枪口与左眼位于同一垂直平面上,以减少身体左侧暴露的机会。

三、搜 索

搜索是单警最基本的应用技能,是进行其他动作的基础,其目的在于寻找嫌疑人,发现迹象,隐蔽接近,并有效保护自己,为进一步控制嫌疑人创造条件。

(一)移动方法

1. 推进、后退

在立姿肩平戒备的基础上,前进时,以脚跟至脚掌的顺序着地;后退时,以脚掌至脚跟的顺序着地。移动中上下不得起伏,左右不得晃动,匀速运动,保持上身的平稳,眼睛始终注视目标区。移动时抬脚不宜过高,步幅不宜过大,尽量保持行动安静。推进、后退速度视现场情况而定。

2. 横向移动

在立姿肩平戒备的基础上,上体保持原有姿势,以腰为轴,向左或向右转动下体,使脚尖指向准备移动的方向。移动时步伐动作要领与推进移动要领相同。

3. 弧形移动

在立姿肩平戒备的基础上,以嫌疑人为中心,移动时向左或向右成弧线快速移动。枪口应始终指向射击目标,移动速度要快。

(二)拐角搜索

在房屋搜索嫌疑人的行动中,要特别注意的一点是远离房屋的拐角。房屋拐角对搜索者来说是处于第二位(仅次于门)的潜在危险。在接近要搜索的房屋时,如果需要徒步转过房屋的拐角，假如认为那边没有人而冲过去，或者只是不经意地伸头看一下的话，很容易成为等在墙角另一边的嫌疑人的牺牲品。此外，在房屋搜索嫌疑人的行动中要特别留意房屋里面的墙角，所有的墙角都得搜查。如果正在搜索的是有许多家具的房屋，千万不要忽略能产生"拐角效应"的家具。（搜索方法参照第四章第一节中的"掩体利用"）

(三) 通道搜索

在房屋搜索行动中，门厅也是潜在的危险区域，因为一般说来，像任何其他入口处一样，在房屋中只有一条道经由此地，此处进，此处出。沿过道和与其他过道交叉的拐角处可能也有房间或其他的拐角，它们可能暗藏潜在的威胁。继续向室内行进前，这些地方必须全部进行清查。过道的尽头与另一过道的交汇的地方也需特别留意。通常有以下方法。

1. 分割注意力法

这是一种基本的方法，即沿走廊（过道）或其他狭长地段前进的时候，眼睛和枪口都要朝向下一步要清查的潜在的危险区。如果有另一个危险区域一直未清查，绝对不可忽视它。在接近第一个危险区域时，通过眼睛的余光以部分注意力留意第二个危险区域，偶尔以眼睛扫视、把枪口指向这一危险区域。在完成彻底清查第一个危险区域之前，快速扫视一下第二个危险区域，枪口仍指着第一个危险区域，然后再投入第二个危险区域。在近区域中，移动身体、枪口和眼睛要用相对长的时间，因为此时身体正处于下一个危险区域的起始点，已经开始向下一个方向运动。此时在继续搜索以前，要彻底复查一下另一个危险区域，这样有助于把身后发生"变故"的可能性减至最小程度。

2. 贴墙跃进法

在房屋里实施搜索行动时,不要沿着其走廊(过道)的中间线往前行进,而应靠向一边。身体要贴近一面墙,以增大自己的安全区,但要避免后背擦着墙,以免发出声响,泄露自己的位置和行踪。眼睛要注意搜寻下一个可供利用的掩护物或掩蔽物,当确认与它们之间的路径没有威胁时,快速而谨慎地从一个障碍物跃进到下一个障碍物,停留观察,伺机再前进。

(四)狭小空间搜索

从建筑结构上讲,几乎所有的房屋都有一些非常狭窄拥挤之处。在房屋搜索中,如果预料到要在极狭窄的地段行动,手枪便是最好的武器。狭窄拥挤的空间主要包括阁楼、地下室、堆满乱七八糟的东西的房间等。阁楼对于单独行动的搜索者来说是非常危险的地方,当警察从阁楼入口处一露面,就处在躲藏在此的嫌疑人的包围之中。应尽量利用行动小组的警犬和盾牌协助搜查阁楼。当搜索储藏柜或非常狭窄的区域时,首先要考虑自己手中的武器"出枪受阻"问题。不要将武器伸入不安全区域,或贸然端枪进入此不安全地域。假如真有嫌疑人藏匿于此,警察和他的距离就会很近,极易受到身体攻击或武器被抢夺。在这种狭窄区域实施搜索行动时,必须将手枪靠近胸前,或必须放弃双手持枪姿势而改为将手枪贴近身体的姿势。以这种姿势持枪,手腕可以紧紧贴于肋部,使手中的枪放在"贴腰"的位置上。这就是说,持枪的手向后抽回,手腕靠在身体一侧臀部以上的位置。枪口对准目标或危险区域,稍向外侧倾斜,以避免射击时缠在衣服或绊在其他物品上。辅助手前伸,抬至约与胸同高处,但要离开枪口,目的是在行动中协助自己或遇有歹徒袭击时能用手挡一下。如果突然与嫌疑人遭遇,并且距离十分接近，不要将枪伸出去对着嫌疑人。正确的做法应该是，将枪向后贴腰端握，身体略向一侧站立，面向嫌疑人，持枪的一侧稍微离嫌疑人远一点。这样在需要移动时，很容易向左侧（或右侧）横跨一步，向后转动的同时推开嫌疑人的手，或者在嫌疑人扑来的时候将其推开。

第五章
队组战术

第一节 战术原则及常识

警察小组作战区别于单警作战,它讲究的是队组的配合,这就需要合理安排每一名警察到小组中去,这并不是单警作战的简单叠加,而是按预先区分的任务,充分发挥每个警察的作用,产生制敌合力,实现整体作战,只有这样才会产生"1+1>2"的效果,否则表面上把警察凑在一起,实际仍进行单打独斗。所以在分组上要充分考虑到每个人的特点,将小组的战斗能力发挥到最大。

一、战术原则

(一)合理编组

警察作战小组在执行任务时,往往突出某一方面的能力,如侦察、突击、狙击等,因此,从某种意义上说,小组是战斗力放大的单警;同时,在小组内部又有组长、尖兵、护卫等任务区分,涉及指挥、通信、保障、协同等诸多事宜。实战中,小组职能的发挥,取决于根据任务而确定的战斗编组。编组合理、短小精干、职能全面,则易于在行动中应对突发险情,易于实现秘密机动，能够保证对嫌疑人的火力优势；编组不合理往往会事倍功半，功亏一篑。

编组时通常要重点考虑以下情况：一是任务需求。要根据任务确定小组的职能、类型、规模、装备、火力等，如执行突击任务，则应加强攻击警力及武器，执行侦察任务则尽量缩小规模等。二是警情状况。警情复杂时，小组应采取复合编组，将突击手、侦察员、破门手、狙击手等专业人员混合编成，以便能在作战各阶段有效处置情况。三是作战地形。作战地形主要制约小组的规模，编组时应考虑在此地形上是否便于机动、便于展开、便于隐蔽。四是战术习惯。警察在平时训练中多采取何种编组方式，作战中应尽量遵循习惯，以便于警察间的默契。

（二）整体作战

要实现整体作战，每个小组成员必须做好以下几点：一是树立整体作战的思想。战术思想支配战术行动，警察在头脑中必须有大局观念，熟知本组的行动步骤与计划，在隐蔽、接敌、攻击等环节不能因擅做主张而暴露全组的作战意图。二是讲究团队精神。在激烈的战斗阶段，难免有队友伤亡或陷入被动，警察必须及时给予支援、掩护和救助。三是充分信任队友。由于任务区分不同，小组内每个警察不可能像单警作战那样自己进行全向戒备，而是由负责掩护的队友来提供安全保障，警察必须充分信任和依靠队友。四是做好本职工作。警察在作战中应严格按照战前的任务区分，专注于自己所担负的任务，竭力避免因个人贪功好胜而打乱小组整体部署，当情况发生突变时，要听组长指挥，变化任务角色，只有每个人都做好了规定的任务，全队的作战能力和安全系数才会提高。

第五章 队组战术

（三）密切协同

默契而有效的协同有利于小组捕捉和创造战机，使各作战环节衔接紧密，充分发挥武器装备的效能，降低警察伤亡的风险，进而提高作战效益，这是克敌制胜的重要保证。因此，警察作战小组执行任务时必须贯彻"密切协同"原则。

警察作战小组在执行任务时的协同动作将主要在三个层次上进行：一是与上级派出单位的协同；二是与友邻小组的协同；三是在小组内部协同。与上级协同的主要内容包括受领任务与指示，请求情报保障、物资器材保障、特效装备保障、战术欺骗、麻痹、拖延等，通常按计划实施。与友邻小组协同的主要内容包括战前的掩护造势、战中的支援配合、战后的交接处置等。

（四）攻防兼备

警察作战小组在执行急难险重作战任务，尤其是在狭小空间进行作战时，常常需要置身于危机四伏的险境。如果小组的攻击力不足，则难以应对占据有利地形的嫌疑人，难以完成作战任务；如果防护力不足或防护意识不强，则容易遭嫌疑人偷袭或夹击，造成警察伤亡，使全组陷入被动。

警察作战小组在作战时必须注重"攻防兼备"的原则。要做到攻防兼备，需要把握以下三个方面的内容：一是战斗编组要兼具攻击和防卫功能。不论是二人小组、三人小组还是多人小组，都应当明确区分尖刀和后卫人员，在作战的各个环节始终注意侧后警戒。二是战术行动要立足在隐蔽的基础上攻击。隐蔽突然地发动攻击是"保存自己，控制嫌疑人"的重要手段，在侦察、接近、待机等阶段有效隐蔽，本身就是对自己最好的防护，也可为攻击奠定较好基础，警察作战小组要注意避免贸然强攻。三是情况处置要注意攻防兼备。小组在作战中会遇到许多计划外的情况，如发现不明角落、爆炸物、诡计装置、敌情变化、行动暴露等，应当先保证攻击能力的发扬，防止嫌疑人乘警察注意力分散之机实施袭击，然后再以谨慎的方式进行处置。

(五) 灵活机变

警察作战小组在作战中，往往会因为嫌疑人的心理和行为变化、被劫持人质的精神和情绪变化、小组行动中的疏漏、自然天候的突然变化、外界无端的偶发因素等，增加作战的突然性和多变性。警察必须沉着机智，因情制宜加以应对，切不可死抱教条，墨守成规，不知变通。

小组在贯彻"灵活机变"原则时，应做好以下方面：一是充分预想各种情况，做好应对突发险情的心理和行动准备，以备在处置情况时有多种方案应对。二是综合运用技术战术，灵活变换处置方式和手段，突破传统的作战方式，令嫌疑人防不胜防。三是根据现场实际，适时调整警力部署、联络方式、协同动作等，做到"以变应变"，始终抢占行动先机。四是牢记作战目的和要求，不能因局部情况的变化影响全局，一切应对之策都应紧紧围绕作战目的创造性地展开，做到"以不变应万变"。

二、小组作战常识

(一) 任务编组

所谓小组，是泛指能够对其实施面对面直接指挥，内部成员相互间能够进行直接的联络与配合，为执行某一具体任务而临时组成的小型群体。在小组的编成和所担负的任务上，具有完整和相对独立性的特征。在这里，小组是一个广义的概念，它包括各种类型、规模不等的小群体，小组在编成和编成样式上没有固定的标准和模式，应根据情况和任务灵活掌握。警察作战小组通常可能担负封控、侦察、搜索、突击、狙击、清剿、捕歼、拦截、袭击、警卫、护送等多种任务，可在上级编队内行动，也可单独执行任务，或者作为主要力量与武警协同行动。由于担负任务的复杂性，警察要具备担负不同类型任务、履行多种职能、适应多种编组的能力。

1. 封控组

当重大突发事件发生时，为控制局面，警方会设置内、中、外三重封控圈，动用警察作战小组实施封控时，会将其置于内层封控圈，并与外围警察或友邻单位所组成的第二道封锁线互相结合，务求滴水不漏。封控组要以警力和火力监控嫌疑人动向，封锁嫌疑人聚集地区的出入通道，限制嫌疑人的行动，防止其脱逃，并为突击围捕创造良好的条件，随时准备进行突击作战。执行封控任务时，可能是一点封控，也可能是多点封控，每个点上的兵力以3~5人为宜。

2. 侦察组

情报保障是任何作战的基础，警察小组在执行任务时，除了及时获取上级和友邻单位的情况通报与情报保障外，必须组织高效的现场侦察，为自己的战术行动提供第一手资料。通常在警察小组的侦察力量当中挑选人员编成侦察小组，以人力侦察和技术侦察相结合的手段，详尽获取相关的警情和地形信息。侦察组的规模以2~3人为宜，视情况在多个方向上派出，注意区分侦察器材的操作使用者和警戒掩护者的任务。同时，考虑到敌情顾虑的大小要使侦察组具备侦战一体的能力，要求小组成员具备很高的技术战术素养、较强的分析判断能力、灵敏的应急反应能力，侦察组的成员应当是警察小组中最精干的人员。

3. 突击组

突击组是作战任务的核心力量，专门负责攻坚清场，也是决定任务成功与否的关键所在，所以突击组大多由整个警察的精锐所组成，警察要具备从不同路径突入现场的能力，并能够在与嫌疑人正面接战时，临危不惧、快速反应、先发制人，还要能够识别和排除简易爆炸装置。突击组通常以两人为最小单位，以 4~5 人为最佳组合，依任务需要可同时出动多个攻击组或进行复合编组。

4. 狙击组

狙击组大多由枪法精准且经验丰富的警察担任，负责监视现场环境，实施远距狙杀或压制嫌疑人火力，限制嫌疑人行动，并掩护其他警察作战小组的行动。狙击组要随时与上级指挥员及突击组指挥员保持联系，以便需要时立即作出反应。通常执行一个任务都会有两组以上的狙击组占领制高点，负责担任狙击的任务。一个狙击组通常由两人所组成，一名为射手，负责狙击；一名为副射手，负责伪装、掩护、警戒、射击条件和射击效果的测定、射手的伤亡替补等。

5. 破拆组

破拆组负责扫除妨碍行进路线的障碍物，如墙、上锁的门、铁卷门等。除个人装备及枪械外，另外并配备撞门锤、破门枪、电锯、炸药等破坏工具，能顺利实施破门、破窗、破墙等行动。为精简小组类型，破拆组通常还要担负搜爆和排爆任务。破拆组警察要具备较强的专业技能，熟悉各种手中装备、工程建筑原理、爆炸装置的工作机理等。破拆组在作业时要注意同突击、狙击等小组的配合,以便能在突破障碍的瞬间把握战机,一举制敌。

6. 支援组

支援组负责突击组伤亡的替补、作战地域的警戒、火力支援或掩护、伴动诱敌或接手担任突击组所压制嫌疑人的后续监控等。支援组的成员也应由警察小组的突击警察担任,并随时准备投入战斗,通常以 5~7 人为宜。此外,警察根据任务的性质或重点还可以编为搜索组、捕歼组、警戒组、护送组等,其具体编成及行动方式应视具体任务而定。

(二) 岗位调换

在搜索行动中,各警察担负的岗位绝非固定不变的,而要视建筑物的结构、客观环境及形势发展,在警察之间随时做出调换。遇上人手不足的情况,许多时候只能以二人小组方式执行任务,那么后卫的岗位便会被首先裁去,此时掩护警察便要担负双重责任,兼顾背后的警戒工作。万一小组中任何一名警察发现嫌疑人,不论是口头喝令或即时开火,也不管该警察当时担负哪一岗位,他都会自动成为小组的前锋,其他警察虽然仍守在各自的警戒方向,但整个小组的行动将会以他的战术需求为中心。而最靠近他的队友则成为掩护手,有需要时给予协助和侧翼掩护,余下警察变成小组的后卫,不单维持原来的负责范围,也同时要兼顾掩护手留下的警戒方向。在多人小组执行攻坚战斗任务时,战斗伤亡不可避免,小组成员要及时补充主要突击方向的空缺,组长伤亡时要有人及时代理其职位进行指挥。

(三) 枪线控制

在所有的狭小空间战斗行动中,都特别强调小组的集体行动。队伍中,每名警察的枪线覆盖范围既不能重叠又要能互相掩护。小组中每个人的瞄准区域都不大，角度比较小，角度越小，反应速度就越快，越能先发制人。如果人数不够的话每个人覆盖的角度也不要超过60°。在空间较大的地方或者是地形不熟悉的地方，要始终有人负责后方戒备。后卫警察一定要沉着，当前方发生战斗的时候往往是嫌疑人最容易在后面出现的时候，任何情况下都要坚守岗位。前方的队友要信任自己后方的掩护人员，小组警察的互相信任和默契有赖于平时的训练和养成。警察作战小组在实施狭小空间突击作战时，各警察往往成密集队形，手持武器隐蔽待机，加上突击时心情紧张、动作激烈，转身跨进房间的一刻，往往会有相互拥碰擦身的情况，若对枪口的指向缺乏警觉和训练期间没有建立默契，误击队友的可能性将会很高，增加不必要的意外风险。警察在突击前，除了枪口严禁朝向队友或扣扳机食指放在护圈外，还必须与即将发起的个人机动路线相配合。在采取进房后交替左右挺进的战术安排里，警察在门外埋伏期间，枪口指向应靠在自己进房后机动方向的一侧。这样可避免在突入过程中，枪口横越前面队友背部，要防止意外，枪口必须与挺进路线同一方向。

（四）概略搜查

突击小组在解除主要威胁和完全控制局面后，应立即在现场展开概略搜查，目的在于确定现场是否存在其他潜在威胁。概略搜查行动必须迅速，各警察虽然只负责各自警戒范围内的搜查，但尽量不要搞乱现场环境，一方面避免损毁犯罪证据，影响侦查人员随后的调查工作；另一方面也提防误中嫌疑人可能留下的陷阱。对落网的嫌疑人进行当场审问，或许能对搜查行动提供一些有用的线索，但这样做会影响任务的进度和时间，并构成潜在风险，需由组长衡量后决定。如果入室突击行动的目的在救出人质，那么人质身份经初步确认后，必须第一时间在警察严密保护下撤离现场，移送至一个预定之安全地点。枪战中如有嫌疑人中枪死亡，必须对尸体进行死亡确认，以防有诈，如果还有其他房间有待搜查，突击小组便需立刻转移或撤离，继续未完成任务，现场由一至两名增援警察负责把守，在整个行动计划结束，由其他单位接手前，任何人都不可进入。

（五）即时威胁

"即时威胁"是指能够马上对警察的人身安全或战术行动构成重大影响的情况。即时威胁可能来自嫌疑人，也可能来自人质，还可能来自环境，警察必须对可能出现的即时威胁有心理准备，要能够及时将其排除或化解。例如，盘踞在房间内的嫌疑人是对警察有攻击性的危险人物，必然构成即时威胁；前锋警察在进房后的首要目的是抢占支配点，因此，挡在其前进路上，必须面对的嫌疑人更是即时威胁，如不立刻解决掉，便会延误清场行动，影响整个冲房计划的成功。战斗中，一个在近距离持刀棒者，较远距离持手枪的嫌疑人更加不容忽视，应被视为即时威胁；在行动中，人质可能因惶恐而扑向警察，很可能影响警察的战术行动，给嫌疑人以可乘之机，这种状态下的人质也可被视为即时威胁，应灵活规避或恰当使用非致命性武力加以排除。小组成员在到达各自的位置之前，遇到即时威胁时，能避则避，不能避开时应以最快速度解决，切忌停留、纠缠与恋战，否则，即时威胁会产生放大效应和连锁反应，进而打乱整个小组的突击计划。例如，入室突击时，前锋警察停下来与嫌疑人纠缠会堵塞队友的挺进路线，连累其他后续警察在门口处受阻，这将危及整个队伍。假如嫌疑人手上有手榴弹或炸药，且曾经恐吓要同归于尽，那么无论他是否挡在挺进路线上，或身处房间远处，都是最严重的即时威胁，是攻坚警察进房后需首要解决的。这些被锁定的战术目标，必须在计划阶段便作出决定，不能仅靠警察进房后见机行事。

（六）数量优势

无论作案规模有多大，嫌疑人属何类型，一旦形成对峙，便再无法从外界得到增援。相对地警察在人力及物质上必然拥有压倒性的数量优势，但如果因此就认为数量上的优势是取得胜利的保证，那就完全误解了"数量优势"的战术含义。数量上的优势并非简单地以数目多寡来衡量，还必须有其他战术条件同时配合，如在决定性的地点或时刻，集中警力充分发挥已有的实力，造成相对的优势，那才是真正掌握了处置中的"数量优势"。反过来，处于数量劣势的一方如果能够巧妙地运用战术和环境因素，成功阻止优势的一方在关键的地点或时刻集中实力，进而在该决定性地点运用相对的局部优势，将嫌疑人逐个击破，同样算是掌握了"数量优势"。建筑物里的间隔和通道严重制约着警察的视野和机动灵活性，分散和分割了队组的数量优势，尤其门户、窗口和走廊等地方，通常只容许一至两名警察同时通过，无可避免地形成"瓶颈"地带，通过期间不容易得到其他警察的火力掩护。万一嫌疑人埋伏在"瓶颈"附近，便可集中火力形成局部优势，对通过的警察施以交叉射击，从而达到逐个击破的战术目的，这样攻击小组虽拥有数量优势，但在决定性地点却处于劣势。

第二节　队组推进战术队形

常规队形是警察在日常工作中，队组所用基本队形，这种队形便于在日常巡逻工作中运用。一般情况下警察在巡逻过程中是持长、短枪相结合，便于在遇到突发情况下有强大的火力

第五章 队组战术

以控制现场。

下面所介绍的队形是警察在武装巡逻时所用的常规队形。

一、两人小组队形

一字队形，两人平行行进，双手握枪，枪口斜向左下，保持戒备状态（见图 5-2-1）。

图 5-2-1

二、三人小组队形

（一）正三角队形

一人在前，两人在后，双手握枪，枪口斜向左下，保持戒备状态（见图 5-2-2）。

图 5-2-2

(二) 倒三角队形

两人在前,一人在后双手握枪,枪口斜向左下,保持戒备状态(见图 5-2-3)。

图 5-2-3

三、四人以上小组队形

成一路或两路纵队队形,双手握枪,枪口斜向左下,保持戒备状态(见图 5-2-4)。

图 5-2-4

第五章 队组战术

第三节 队组搜索战术队形

搜索战术队形是队组在搜索行动中所表现出来的各成员间的位置、距离及相互的照应关系。好的搜索队形能保证队组在搜索过程中整体安全,能有效协同各成员,形成整体的战斗力,达到掩护、防控及隐蔽等目的。采用何种队形取决于行动的任务、行动的时间及环境等条件。在执行行动时,每个警察都要了解自己在队形中的位置和责任范围,一旦需要变换队形又能马上跟上并清楚自己的新位置和责任范围,队组搜索队形以机动灵活、能够相互掩护配合为主要目的。

一、两人小组队形

两人中,前锋面向前,另一名警察面向后方,相互背靠背行进,各自警戒前后,应对突发情况(见图5-3-1)。

图 5-3-1

二、三人小组队形

在危险区域,三人小组可背靠背形成三角形,各自警戒不同的方向,应付突如其来的威胁。三人小组比两人小组更具有立体警戒的能力(见图 5-3-2、图 5-3-3)。

图 5-3-2

图 5-3-3

三、四人小组队形

四人小组是进入狭小空间战斗的最有效的组合,便于交替掩护和支援,便于夺占室内的"支配点",便于区分组长、突击、掩护手、后卫等角色,便于根据作战条件变换队形。四人小组编成精干,指挥简洁,可以灵活形成弧形队形、三角队形、矩形队形、蛇形队形等多种攻击队形，通常第一名警察为突击警察，负责搜索前进，他要具备灵敏的反应能力和较强的战斗能力；第二名警察为组长，负责掩护突击行动，并及时观察和判断情况，指挥全组行动；第三名为掩护警察，与组长共同负责掩护突击的行动和翼侧警戒；第四名为后卫，负责后方警戒。

四、多人小组队形

警察作战小组执行任务时，为达成攻防兼备、救歼并举的效果或根据任务需要，通常编为5人以上的多人小组。具体人数主要视警情、地形、任务、警察作战能力而定。在多人小组中除了明确区分突击、组长、掩护手、后卫等角色外，还应视情编入破门手、排爆手、救护手等，各角色可以由两人或三人小组等基本单位构成，使多人小组成为复合小组。多人小组的战斗队形更为丰富，并且可以灵活变换，主要有以下队形。

（一）一字队形

"一"字队形是警察作战小组成的基本战斗队形，其射击方向单一，便于集中火力，但管控困难，对侧方、后方的警戒较为困难。危险顾虑较小时，可以用此队形进行清扫战场，搜缴战利品、搜索敌单个目标；危险顾虑较大时，可用于快速通过开阔地，快速占领战斗位置。

（二）一路队形

一路纵队通常在通过狭窄地段、障碍区、茂林地区等时采用，一路队形便于对队伍的管控，便于控制速度和声响，便于向翼侧射击。行进时，单数警察枪口向左警戒，双数警察向右警戒。在茂林等特殊地形行进时，为便于行进和管控，警察应尽量靠拢。

（三）两路队形

两路纵队，通常用于穿越隘路、道口时使用。通过危险性较小的路段时采用的队形。

第四节　通道搜索与冲房战术

通道搜索行动，动作要轻，应脚掌先着地，稳步行进；平地运动应脚跟先着地，轻动缓行，尽可能减少走动时发出的声响，避免让映在门窗、墙上或地面上的人影被嫌疑人发现而造成被动。

一、形势评估

警察在决定进入一间房或一幢楼宇之前，必须要考虑以下的因素：嫌疑人是否持有枪械？若有的话，所持的枪械及弹药属何种类型及数量多少？嫌疑人的正确位置？是否有无辜者或人质在屋内？嫌疑人是否知道警察已到达现场？警察是否有强行入屋的能力？假如警察并不采取行动进入建筑物内，无辜者的生命安全会否受到威胁？通过现场形势评估，制定突击方案，利于下一步行动的开展。

二、搜索推进

（一）两人小组

1. 抽屉式推进

抽屉式推进方法主要用于较窄空间的搜索，警察与警察之间职责分工明确，一侧警察只负责前期搜索，另一侧警察只负责后期控制，整体小组安全系数较高，推进过程中声音相对较小，但其小组整体推进速度较慢。警察 A 在过道里向前推进，前进一段距离后停下，警察 B 向前推进直到遇到 A 停止。警察 B 触摸一下警察 A 并在该位置上为警察 A 做掩护。警察 A 继续向前推进。警察们以此方式交替前进，直到过道的尽头（见图 5-4-1）。

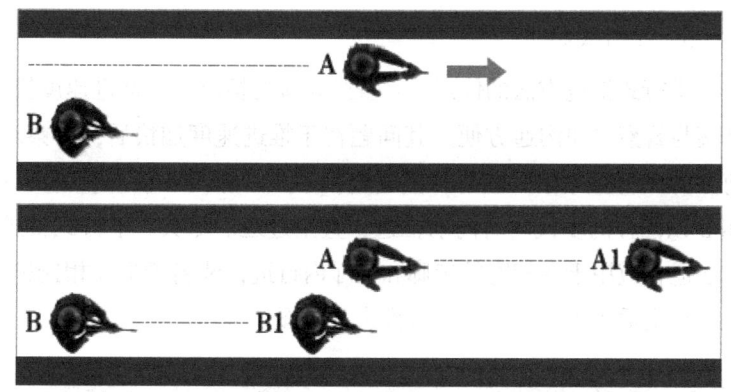

图 5-4-1

2. 鹦鹉式推进

鹦鹉式推进方法其优点是适用范围大，控制范围明确，推进速度可调节性强，整体小组安全系数高，推进时的声音可以很好地被控制。警察 A 前进一段距离后停下做掩护，警察 B 向前推进并超过 A 一段距离，B 停下做掩护，这时 A 继续前进。警察们彼此交替前进，直至过道尽头（见图 5-4-2）。

图 5-4-2

3. 平行式推进

平行式推进方法的优点是在视野宽阔的情况下,推进速度快,警察与警察之间沟通方便。其问题在于推进速度加快后,警察对前方的控制能力相对减弱,推进过程中声音相对比较大。警察 A 和 B 以同样的步伐同时向前推进,直至过道的尽头。平行式推进方法适合应用于在较宽的走廊和大厅内行进,两名警察互相掩护。此方法也适用于四人小组平行推进(见图 5-4-3)。

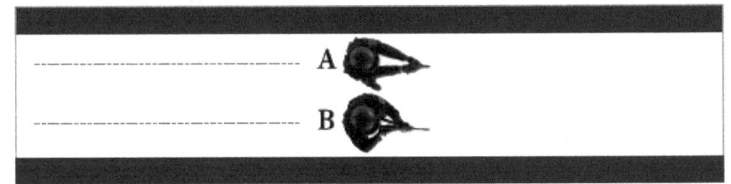

图 5-4-3

(二) 多人小组

这里以常用的 5 人小组为例,其楼道搜索队形可根据楼道的具体情况采用一路队形和两路队形。

1. 一路队形推进

即按 1、2、3、4、5 号的队形排列,1 号枪口冲前,2、3、4 号后一名警察的左手搭前一名警察的右肩,每名警察的枪口要绕开前一名警察的身体冲前或斜前方及冲下,5号警察的身体和枪口冲相反的方向,左手或后背与4号警察的身体要尽量接触,以便沟通(见图5-4-4)。

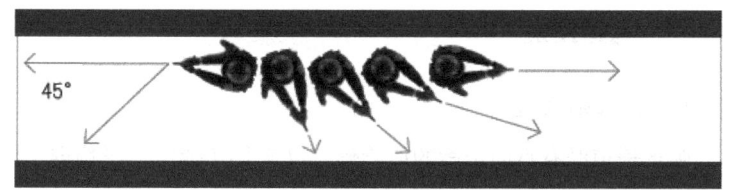

图 5-4-4

2. 两路队形推进

即1、3、5号警察和2、4号警察分别位于楼道的两侧,1、2号警察的枪口冲前,3、4号左手搭前一名警察的右肩,每名警察的枪口要绕开前一名警察的身体冲前或斜前方及冲下,5号警察的身体和枪口冲相反的方向,左手或后背与3号警察的身体要尽量接触,便于沟通(见图5-4-5)。

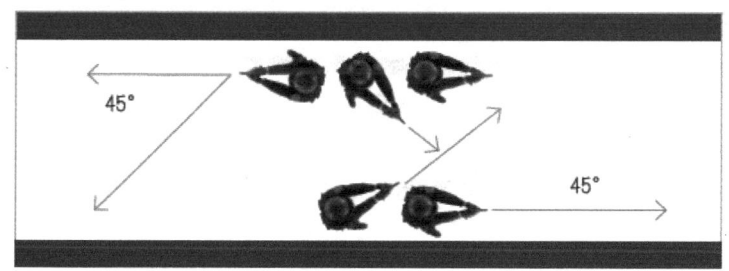

图 5-4-5

注意事项:

(1)搜索时身体应避免贴墙,防止被流弹击中。

(2)尽可能保持肃静,注意身影的隐蔽。

(3) 注意联络、沟通,随时传递信息。

(4) 除非收到队友明确的求援信息或确有必要,否则坚守自己的警戒方向,避免顾此失彼。

三、通道搜索

(一) 弧形通道

弧形通道既有直向走廊的危险性,又有拐角效应,影响突击警察的通视能力,许多地下停车场的出入通道都是这种结构。小组在通过弧形走廊时,通常采用一路队形,应尽量贴靠外侧墙壁,区分前锋和后卫,采取类似过拐角的"拐角搜索法"通过。

(二) 通道交汇处

1. "L" 形通道的推进方式

B 警察在 "L" 形通道内侧为 A 做掩护,警察 A 前行并以最大角度作切角,至 A1 点处停止。此时警察 A 在 A1 点处以拐角墙面为掩体为警察 B 做掩护,警察 B 转过拐角继续前行(见图 5-4-6)。

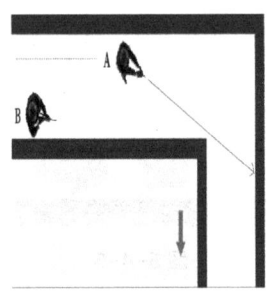

图 5-4-6

2. "T" 形走廊推进方式

交叉搜索法:遇到 "T" 形走廊时,警察 A 和 B 从 "T" 字底部紧贴墙面平行向前推进,控制的方向互相交叉,随着向前推进,视角不断扩大。在拐角处迅速转身,背靠背各自控制自己面对的过道。(交叉时也可站在右侧的警察 B 采用跪姿,站在左侧的警察 A 采用立姿)其他警察紧随,A、B 依次前进,并最终控制横向过道。

背靠背搜索法:警察 A、B 同时移动到通道中心,背靠背同时分别对左右拐角进行切角。在接近拐角切面时,两人同时闪出拐角,控制拐角深处(见图 5-4-7)。

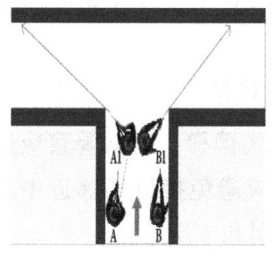

图 5-4-7

3. "十"字通道推进方式

警察 A、B 采用通过"T"通道交叉搜索方式,警察 C 负责控制正前方通道,为警察 A、B 提供掩护(见图 5-4-8)。

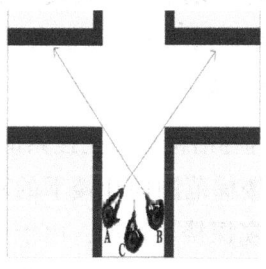

图 5-4-8

(三) 通过楼梯

在一些建筑物里，接近顶楼处的楼梯间设有中间平台，楼梯之间又加上墙壁作间隔的设计，对警察作战小组来说是比较危险的。因为不单从顶楼处可以居高临下俯瞰楼梯间的一切，中间平台上的转角位还可成为对手的理想伏击地点。这种处处阻挡着视线的结构在楼上、楼下、中间平台及其转角处等不同方向、不同高度的地方，形成多个有利嫌疑人伏击的隐蔽点。小组在沿楼梯而上的过程中，应尽量避免拥挤在楼梯间及重叠警戒的范围内。

1. 向上搜索通过楼梯

(1) 如果是开放式楼梯，搜索警察应避免被嫌疑人发现自己的活动。搜索警察应避免接近楼梯近中心的扶手，因为这一位置可能被对方从上层和下层看见。

(2) 楼梯通常设于建筑物的主要出入口，必须先控制住所有楼梯，才可进行搜索。

(3) 高层建筑物的电梯是一个十分容易受到攻击的危险区域，搜索的警察要随时提高警惕。当搜索警察进入建筑物后，所有电梯便应关掉或停于地下；不要使用电梯上下，嫌疑人可随时叫停电梯或打开电梯门攻击搜索警察。

2. 向下搜索通过楼梯

向下搜索通过楼梯与沿楼梯向上搜索的战术动作大同小异。为了避免脚部先踏进楼梯范围而让楼下的对手瞥见，前锋可俯下身来做拐角搜寻，窥探楼下情况，由于受姿势影响，战术动作会令身体完全失去应变机动能力，因此，前提是必须得到掩护手对其侧翼的严密警戒。当警察进入不规则的空间时（走廊、楼梯、不规则的房间等)，警察一定要悄无声息并慢步前进，遇到阴暗区域和潜在危险过道时要注意警戒快速躲闪。

（四）通过房门

在搜索过程中，如果遇到房间，可通过破拆方式打开房门，在进入房间前，一定要做切角对房间进行最大角度的观察，有时对一些死角可利用镜子反射来进行观察，然后再突入。在房间外部通过房门向内部进行观察，房间的内部存在两个死角，而且房间内的一些家具、壁橱、拐角等都可能成为嫌疑人藏匿的地方。有时警察也可以借助镜子，来观察死角里的情况。

四、入室站位及控制

（一）入室前的站位队形

1. 单边站位

小组成一路队形占领门外一侧预备位置，这种方法适合没有门或者门已经打开的房间（见图5-4-9）。

图 5-4-9

2. 双边站位法

小组成两路分别占领门外左右两侧预备位置，这种方法适用于关着门的房间（见图5-4-10）。

图5-4-10

(二) 突入方式

（1）钩直突入法：突入房间的两个警察快速向左右两侧推进。警察A贴着门框绕入屋内左侧，警察B沿着直线切入屋内右侧。如果有嫌疑人突然出现，两名警察就不会同时面对嫌疑人，有利于我们对嫌疑人进行控制。

（2）直钩突入法：警察A作切角走向对侧的门框，在警察B的示意下由B做掩护，A走向屋内的左侧，B走向屋内的右侧。此种方法可以使警察对屋内的观察角度达到最大。

（3）交叉突入法：交叉过门法是警察从门框两侧同时沿自己的枪线方向直线切入房内，在门口处运动路线形成交叉的一种方式，迅速横越门口位置进入房间是最安全而简单的进门方式，其优点是动作迅猛，警察横向位移大，能分散嫌疑人注意力，此种方法存在很多不便，两名警察交叉时有可能面对面，那么他们的背部就有可能暴露于危险境地，而且穿插时互相干扰，如果默契不好的话，警察会撞在一起，容易弄巧成拙。但只要动作娴熟，训练有素，这种情况是完全可以避免的。

（4）双钩突入法：在一些较宽阔的大门处，可同时让两名警察顺势站于门边,顺势进入房间,从门外预备位置贴着门框滑进门里需抢占的位置,整个行动像一颗穿过扣眼的纽扣,因此这种方法也叫"纽扣过门法"。此方法的优点是动作顺畅,造成碰撞或互相牵制的机会最低,缺点是警察无法看清楚将要冲进的地方,转过弯角后,可能碰上预料不到的障碍物,因此适宜在房内已有其他警察作掩护时采用。

(5)单钩突入法:警察 A 和 B 同时占领门外靠近门锁一侧的预备位置。警察 A 从房间的右侧进入,B 尾随其后并为 A 做掩护。A 搜查完房间右侧后,背靠着墙,向房间左侧推进。此种推进方法的好处在于不会使突击警察第一时间单独面对危险。通过两名警察的相继移动,房间被逐步地清查完毕。

(三)入室及控制嫌疑人

入屋前必须在门口进行观察与评估,有条件的话,利用镜子可战术性确定危险的位置。入屋前可以考虑进行一次或两次令嫌疑人转移注意力的行动,运用这种战略需要各队警察之间取得良好的协调。其中一种分散注意力的方法是在门口相反方向的地方使用警察车辆上的扩音系统。

1. 入室

1 号警察先进入屋内,2 号警察亦随即跟着进入,当 1 号警察入屋后必须立即评估当时的形势及立刻移往一处认为存在实时威胁的地方。例如,假若嫌疑人站于屋内右方持着一把刀,1 号警察须立即移往门口右方对付嫌疑人。2 号警察必须移往门口的另一边。两名进入警察必须离开门口以免产生剪影,这样使对方较难找出目标。

2. 控制嫌疑人

入屋后必须控制在室内的所有人员,同时须将任何人员当作嫌疑人看待（除非明显知道他们并非嫌疑人）。当采取一切初步必须的行动后，须向屋内的人员发出清晰的指示，命令他们从入口处离开潜在危险的地方。将可疑人员移离房间期间，其中一名警察须在安全距离瞄准嫌疑人，另一名警察则保持戒备状态以应付一些未经搜查而潜在危险的地方。当嫌疑人行近门口时，门口小组可将嫌疑人接收并带去一处较为安全的地方进行搜查，控制嫌疑人（见图5-4-11）。

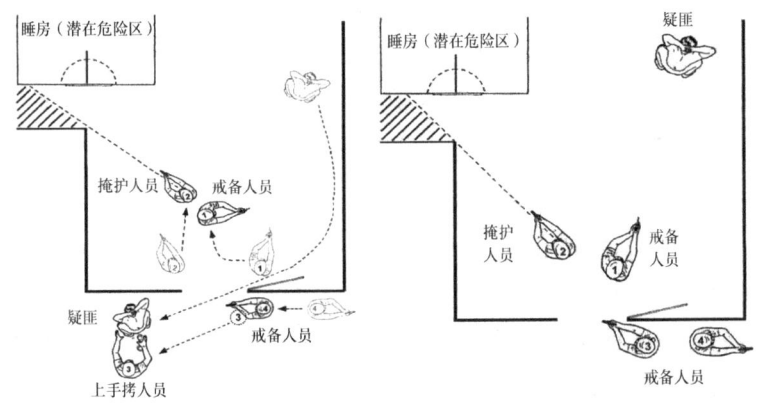

图 5-4-11

3. 清理房间及有序撤离

（1）清理房间。

当所有可见的嫌疑人被带离后，接下来的工作是检查所有可能尚有嫌疑人藏匿的地方。这项工作由一名警察在盲点地方掩护，另一名警察就在屋内四周进行搜查嫌疑人可能藏匿的潜在危险地方。掩护人员应将自己置于可随时支持搜查人员的位置。清理房间的方法是由上至下（天花板内至地下）和由外至内（周围至中心）。

（2）有序撤离。

搜查房间后突击警察须退后至进入点以确保没有遗漏搜查任何嫌疑人可能匿藏的地方。其间仍须保持戒备状态，然后才离开房间。

第六章 实战战术运用

第一节 法律基础知识

警察在一线进行现场处置过程中,现场情况的瞬息万变,对警察使用警务技能及战术的能力提出很高的要求,警察自身更是要对法律的了解及掌握更加全面及准确,才能在现场处置过程中保护自己、保护群众,以及保护嫌疑人,才能真正在执法过程中做到合理、合法、安全、有效。

一、处置原则

(一)安全原则

(1)增强安全意识是警务活动的重要保障。所谓安全意识,是指警察在警务活动中,必须首先考虑自己的行为是否有效地保护自身安全、群众安全和国家财产安全,同时也包括对嫌疑人合法权益的保护。

(2)充分的心理准备和自我防护意识是有效进行自我保护和制服、捕获嫌疑人的重要前提。应做到先期估计,制定预案。就是要求警察熟悉和掌握各类暴力性案件的特点,根据实际情况,制定几套具有针对性的技战术方案,以便实战时能以合理、

第六章 实战战术运用

有效的技战术手段来实施缉捕和应付事态可能发生的变化,做到既有对策又有较强的应变能力,保持高度的警惕性。暴力嫌疑人大多是一些不法的亡命之徒,他们在实施第一步犯罪以后,往往会继续进行更加严重的暴力犯罪活动,具有极大的疯狂性和残忍性。因此,警察要充分认识到这类嫌疑人的潜在危险,切勿麻痹轻敌或盲目行动。特别是在追缉、堵截、盘查、搜索等警务活动中,由于敌暗我明,如果对危险认识不足,缺乏警惕,就极有可能遭受嫌疑人的侵害。

(二)程序原则

(1)警务执法程序是关于警务执法行为的方式、方法、步骤,以及时间延续性的总和。警察在警务执法中要严格依法办事,特别是严格依照法定程序办事。警务程序意识具体包括警务公开意识、程序公正意识和效率意识等。增强警务执法程序意识具有十分重要的意义。其一,增强程序意识,严格依照法定程序办事,有利于规范执法行为,切实做到合法行使职权,同时有利于接受监督;其二,增强程序意识,严格依照程序办事,在法律允许的范围内使执法相对人参与执法程序,有利于保障执法相对人的合法权益;其三,增强程序意识、严格依照法定程序办事,有利于提高执法效率。

(2)警务活动是一项规范性、程序性很强的工作。规范和程序是事物运作内部规律的必然要求,这就像企业产品的生产工序一样,不是可有可无、可先可后的。在警务实战中,执行警务实战的规范程序尤为必要,因为这些都是在总结前人的经验和教训后得出来的。比如执勤前是否带了武器、警械;是否二人以上共同执勤;发现可疑情况是否及时报告;出警前是否了解了尽可能多的情况;在盘问检查嫌疑人前是否占据了便于控制对方的合适位置;控制后是否进行了搜身;是否采取人、物分离措施进行了物品及车辆检查等。从近年来发生的警察伤亡情况来看，相当数量的伤亡就是因为没有严格按照程序办事造成的，应当引起高度重视。

二、相关法律规定

(一) 使用强制手段的法律依据

根据《条例》第 2 条的规定，人民警察制止违法犯罪行为，可以采取强制手段；根据需要，可以依照本条例的规定使用警械；当使用警械不能制止，或者不使用武器制止，可能发生严重危害后果时，可以依照本条例的规定使用武器。根据《条例》第 4 条的规定，人民警察使用警械和武器，应当以制止违法犯罪行为，尽量减少人员伤亡、财产损失为原则。这里的强制手段，是指人民警察为制止违法犯罪行为而对违法犯罪行为人采取的各种制服措施。它包括使用警械和武器，使用擒拿格斗技术或其他非警用器械。这里的非警用器械，是指除了人民警察依照规定装备的警械和武器以外的器械。

人民警察根据需要，可依照《条例》的规定使用警械；当使用警械不能制止或者不使用武器制止可能发生严重危害后果时，可以依照《条例》的规定使用武器。当人民警察未配备或已配备但未携带或根据现场情况无须使用警械和武器时，人民警察可采取使用警械和武器以外的强制手段制止违法犯罪行为。人民警察采取警械和武器以外的强制手段制止违法犯罪行为时，应参照《条例》规定的有关使用警械和武器的原则和精神，以尽量减少人员伤亡和财产损失为原则。警察在执行职务中使用强制手段必须达到以下三个基本要求。

第一，准确。警察在警务实战中，对嫌疑人所采取的强制手段，必须依照相关法律、法规的具体条款，准确运用，不得似是而非、错误理解或超越规定。警察必须依法使用强制手段，才能受到法律的保护，如果违法使用了强制手段，则应追究相应责任。警察在警务实战中使用各种强制性手段的最终目的：一是制止违法犯罪行为，控制、制服、擒获嫌疑人；二是强制性手段的实施，应当尽量避免或者减少对国家财产、公共财产和公民合法财产的损害，防止产生更加严重的危害后果。

第二，适情。警察在警务实战中，应当根据嫌疑人的对抗手段、暴力程度、危害后果、双方力量的对比、情形的紧急程度等因素，决定采取何种强制手段。这就要求警察既要遵循使用强制手段的一般程序，又要根据现场具体情况及时作出判断，并决定直接采取相应的强制手段。

第三，适度。警察在警务实战中，应当根据现场具体情况、嫌疑人的具体情况，适度运用强制手段。其具体要求包括：一是要力争制止违法犯罪行为，达到控制、制服、擒获的目的；二是要尽量对执法对象、无关人员以及周围环境的损害降低到最低程度，避免发生更加严重的危害后果；三是警察在警务实战中使用法律、法规的条款时，应当全面和系统，既要明确使用条款的具体规定与含义，还要熟记与之相关联的原则、规定和要求，防止断章取义，片面运用。

(二) 使用警械和武器的法律依据

警械和武器的使用是代表国家履行职责的警察职权行为，是国家赋予警察的一项特别权力。这种权力的设定，是与警察的职责相适应的。警察使用警械和武器，直接涉及公民的人身权利和生命安全，使用得当，可以有效地制止违法犯罪行为，保护公民的生命和财产安全；使用不当，就会直接侵犯公民的人身权利，以致剥夺其生命，给公民的人身安全和公私财产造成损害。因此，警察在警务实战中必须严格遵守《条例》的有关规定，依法使用警械和武器，保障依法履行职责，有效地制止违法犯罪行为，保护公民的合法权益。这里的警务实战，是指警察以强制手段与嫌疑人进行直接对抗或者准备进行有可能发生的对抗的一种执法活动。

(三) 实施盘查的法律依据

盘查是警察在执行职务过程中，依法对有违法犯罪嫌疑的人员进行的盘问和检查活动。盘查是国家根据警察的职责和任务，以法律、法规的形式，赋予警察行使的权力，它是警察履行职责，完成任务的前提和保证。

1.《人民警察法》的规定

《人民警察法》第9条规定："为维护社会治安秩序，公安机关的人民警察对有违法犯罪嫌疑的人员，经出示相应证件，可以当场盘问、检查；经盘问、检查，有下列情形之一的，可以将其带至公安机关，经该公安机关批准，对其继续盘问：（一）被指控有犯罪行为的；（二）有现场作案嫌疑的；（三）有作案嫌疑身份不明的；（四）携带的物品有可能是赃物的。对被盘问人的留置时间自带至公安机关之时起不超过24小时，在特殊情况下，经县级以上公安机关批准，可以延长至48小时，并应当留有盘问记录。对于批准继续盘问的，应当立即通知其家属或者其所在单位。对于不批准继续盘问的，应当立即释放被盘问人。经继续盘问，公安机关认为被盘问人需要依法采取拘留或者其他强制措施的，应当在前款规定的期间作出决定；在前款规定的期间不能作出上述决定的，应当立即释放被盘问人。"本条规定了警察具有的盘问、检查权。由于盘查权涉及公民的人身权利和人身自由，因此，必须严格地遵守法律规定。

实行当场盘问、检查的对象，必须是有违法犯罪嫌疑的人员，对这些人员，警察经出示相应的证件，就可以当场对其进行盘问、检查。这里所说的"出示相应的证件"，是指对如何行使这一职权在程序上作的规定。其中，"相应证件"是指警察根据其工作性质和行使的不同职权按照规定使用的有关证件，包括工作证等。考虑到公安机关的警察在行使性质、责任不同的职权时，所持证件也有所不同，因此，这里只规定出示相应证件。至于行使某一特定职权时，具体应使用哪一种证件，这里未作具体规定，可以由国家公安机关具体规定。但应强调的是，警察在行使这一权力时，只有按照规定，出示了相应的证件，才能行使这一权力。如果进行盘问、检查的警察没有出示相应的证件，任何公民都有权拒绝盘问、检查。

2.《中华人民共和国居民身份证法》（以下简称《居民身份证法》）的规定

《居民身份证法》第15条规定："人民警察依法执行职务，遇有下列情形之一的，经出示执法证件，可以查验居民身份证：（一）对有违法犯罪嫌疑的人员，需要查明身份的；（二）依法实施现场管制时，需要查明有关人员身份的；（三）发生严重危害社会治安突发事件时，需要查明现场有关人员身份的；（四）在火车站、长途汽车站、港口、码头、机场或者在重大活动期间设区的省市级人们政府规定的场所，需要查明有关人员身份的；（五）法律规定需要查明身份的其他情形。有前款所列情形之一，拒绝人民警察查验居民身份证的，依照有关法律规定，分别不同情形，采取措施予以处理。任何组织或者个人不得扣押居民身份证。但是，公安机关依照《中华人民共和国刑事诉讼法》执行监视居住强制措施的情形除外。"本条规定了警察在执行任务时，对公民的身份证件有查验权。公安机关对公民的身份证件进行查验,是保护公民合法权益,同违法犯罪人员作斗争的手段之一。查验身份证重点是检查、查验证件的真实性、时效性、持证人照片及其登记的内容。通过查验,及时发现、控制和惩办嫌疑人利用伪造、变造居民身份证进行违法犯罪活动,以保证国家和人民群众的安全。公民有义务接受公安机关查验居民身份证。执行任务的警察查验公民居民身份证,必须严格依法进行,不得滥用此项权力,侵犯公民的合法权益。警察在要求公民出示居民身份证接受查验时,应首先出示自己的有效证件,同时要注意尊重和保护公民的合法权益。

3.《城市人民警察巡逻规定》的规定

《城市人民警察巡逻规定》第5条规定:"人民警察在巡逻执勤中依法行使以下权力:(一)盘查有违法犯罪嫌疑的人员,检查涉嫌车辆、物品;(二)查验居民身份证;(三)对现行犯罪人员、重大犯罪嫌疑人员或者在逃的案犯,可以依法先行拘留或者采取其他强制措施;(四)纠正违反道路交通管理的行为;(五)对违反治安管理的人,可以依照《中华人民共和国治安管理处罚条例》的规定,执行处罚;(六)在追捕、救护、抢险等紧急情况下,经出示证件,可以优先使用机关、团体和企业、事业单位以及公民个人的交通、通讯工具。用后应当及时归还,并支付适当费用,造成损坏的应当赔偿;(七)行使法律、法规规定的其他职权。"本条规定了警察在巡逻执勤完成各项职责任务中必要的权力保证。警察在巡逻执勤中,发现行踪可疑、有违法犯罪嫌疑的人,在出示表明警察身份的工作证件后,有权盘问其基本情况,查验其携带的行李物品;有权查验居民身份证,以防止嫌疑人混迹于人群中,逃避公安机关的拒捕和审查;有权对现行犯罪人员、重大犯罪嫌疑人员或者在逃的案犯依法予以拘留、留置或者使用强制措施,以防止其逃跑、行凶、销毁罪证等。

《城市人民警察巡逻规定》第 9 条规定："机关、团体和企业、事业单位以及公民应当支持巡逻警察的执勤，服从巡逻警察的管理，不得阻碍其依法执行职务。"本条规定了公民和组织必须支持、服从巡逻警察的管理，不得阻碍巡逻警察依法执行职务。警察执行巡逻勤务，其根本目的是预防、打击违法犯罪活动，维护社会治安秩序和保障公共安全。全体公民有义务协助警察执行公务，提供便利，服从管理。不允许阻碍警察执行公务，妨害治安管理的行为发生。

三、法律责任

对公安机关及其警察违法行使职权或者不依法履行职责，致使办理的案件或者执法行为不合法、不适当的，必须依照有关法律、法规和规定予以纠正和处理。其中包括，对错误的处理或者决定予以撤销或者变更；对拒不履行法定职责的，责令其在规定的时限内履行法定职责；对拒不执行上级公安机关决定和命令的有关人员，可以停止其执行职务；公安机关及其警察违法行使职权已经给公民、法人和其他组织造成损害的，予以赔偿；警察在执法活动中因故意或者过失造成执法过错的，追究执法过错责任。

对上级公安机关及其主管部门的执法决定、命令，有关公安机关及其职能部门必须执行，并报告执行结果。对执法监督有异议的，应当先予执行，然后按照规定提出意见，执行结果由作出决定的公安机关负责。对本级和上级公安机关作出的执法监督决定不服的，可以向本级或者上级公安机关提出申诉，有关部门应当认真受理并作出答复。

拒绝、阻碍上级机关或者本级公安机关及执法监督主管部门的执法监督检查，拒不执行公安机关内部执法监督的有关决定、命令，或者无故拖延执行的，给予纪律处分。

警察在执行职务中，有下列情况之一的，将被依法追究执法过错责任：违反法律规定，对应当立案或者撤销的刑事、行政案件不予立案或者撤销，对不应当立案或者撤销的案件予以立案或者撤销的；在办案中弄虚作假、逼供、骗供、诱供、逼取证人证言的，或者因为在勘验、检查、鉴定中出现重大失误、疏漏而造成案件处理错误的；因办案人员的主观过错导致案件主要犯罪事实错误，检察院不予批捕、不予起诉或者人民法院判决无罪的；应当报捕而未报捕导致检察院在审查批捕时，增补重大嫌疑人的；呈报劳动教养、少年收容教养和收容教育时，因办案人员的主观过错导致案件主要事实错误、审批机关或者有关部门不予批准的；因办案人员的主观过错导致案件主要事实错误或者严重违反法定程序，被人民法院、复议机关撤销具体行政行为的；对没有犯罪事实或者没有证据证明有犯罪重大嫌疑的人，错误采取刑事拘留、取保候审、监视居住等刑事强制措施，或者超过法定时限情节严重的；违反法律规定，作出拘留、罚款、吊销许可证和执照。没收财物等行政处罚，或者采取劳动教养、少年收容教养、收容教育等限制人身自由措施的；违反法律规定，办理保外就医、监外执行的；违反法律规定，对财产采取查封、扣押、冻结等强制措施，或者违反国家规定征收财物、收取费用的；违反法律规定，使用警械、武器，情节恶劣或造成严重后果的；违反法律规定，阻碍当事人行使申诉、控告、听证、复议、诉讼和其他合法权利，情节恶劣或者造成严重后果的；不履行办案协作职责，或者阻碍异地公安机关依法办案，情节恶劣或者造成严重后果的；错误执行或者拒不执行发生法律效力的刑事、行政裁判、复议决定和其他纠正违法的决定、命令,造成严重后果的;拒绝或者拖延履行法定职责造成严重后果的;其他故意或者过失违反法律、法规、规章的规定,应当予以追究的执法过错。

其中,因贪赃枉法、徇私舞弊、刑讯逼供、蓄意报复、陷害等故意造成执法过错的;妨碍对执法过错责任进行追究的;对检举、控告、申诉人打击报复的;连续多次发生执法过错的;情节恶劣,后果比较严重的等情况,应从重追究执法过错责任。对由于轻微过失造成执法过错的;主动承认错误,并及时纠正的;执法过错发生后,能够配合有关部门工作,减少损失,挽回影响的;情节轻微,尚未造成严重后果的等情况,应从轻或者免予追究执法过错责任。

有下列情形之一的,不应当追究警察的责任:因法律规定不明确或者有关司法解释不一致,改变案件定性、处理的;因不能预见或者无法抗拒的原因致使错误发生的;执行上级命令的;按照办案协作规定办案的。

被追究执法过错责任的警察,不服追究决定的,应当允许其申诉。可以向本级或者上级公安机关进行申诉,接受申诉的公安机关应当在30日内作出答复。法律、法规另有规定的,按照有关规定办理。

第二节　盘查战术

警察武装巡逻盘查是指警察身着警服、佩带制式武器、警械,以案件高发地带、重点路段、公共场所、交通要道等为主要巡逻地点,采取徒步或乘坐机动车方式,通过巡回、观察、盘问、检查等手段发现、纠正、处理违反公共秩序的行为,维护社会治安秩序，为群众排忧解难，同时发现和打击各种现行违法犯罪活动的警务行动，其实质在于先发制人、主动防控。

一、特　点

武装巡逻盘查的主要目的在于有效控制各类暴力型犯罪以及各类突发性事件，改变传统意义上普通警察携带简单警械的巡逻执勤方式，在武器保障及使用上具有优先考虑的权限，突出了"武装性"与"强制性"，其行动具备以下特点：行动突发性、遭遇性强烈，执法准备难以周全；接警行动时，情况往往不清，事件性质不明，需要现场查明情况，或者边行动边查询有关情况；执法复杂性突出，涉及法律面较宽，必须根据现场情况依法、适度、有理、有节地采取行动；情况变化迅速，行动转换急剧，动作反应仓促，现场干扰因素较多，处置方式受限；易受袭击，危险性大；先行防范，先行独立控制现场事态特点突出。

街面武装巡逻盘问检查是警察的重要职责，警察武装巡逻盘查执法行动区别于普通警察的巡逻盘查。一是武装震慑效果明显，全副武装的警察对有犯罪企图的嫌疑人具有震慑作用，打消一部分嫌疑人的犯罪企图。二是武器装备配备齐全，长短枪配备齐全，枪支携带处于戒备状态，被盘查对象配合程度较高，另外警察训练有素，处置突发事件及时。

二、要　求

（一）确保安全

应从重考虑嫌疑人的反抗趋势、反抗能力、反抗手段及可能发生的变故，增强防卫意识，做好防范准备，确保人民群众及自身的安全。

(二) 合法合理

警察应正确运用法律赋予的盘查权力,有效使用强制措施,严格遵守有关法律规定和警械武器的使用规定及禁止使用的规定,确保武装巡逻盘查行动的准确性和有效性。

警察在盘查行动中既要保证执法程序的规范,又要坚持按照盘查的战术要求规范操作,提高盘查行动的成功率。实战中确定盘查对象的工作比较复杂,可能是触犯刑法的嫌疑人,也可能是违反治安法规的行为人,还可能是误会或错觉,判断失误而受到牵连的群众。因此,初期确定盘查对象时,需慎之又慎,做到准确、无误、具有针对性,千万不可盲目、草率从事,通过盘问和检查弄清嫌疑人的身份和可疑行为,确认其有无违法犯罪行为。一旦决定实施抓捕,就应该果断出击,要根据情况和环境来决定抓捕的战术方法,出枪迅速,按照嫌疑人的反抗行为确定枪支状态,持枪控制动作规范,抓捕动作要灵活掌握。上铐、搜身要仔细认真,动作要熟练、规范。

(三) 合理分工

发现可疑情况时,在战术部署上首先进行控制,人员分工上必须有一人担任监视警戒任务,担任监视警戒任务的警察应配备警戒武器,并处于戒备待发状态,发现异常,立即警示其他警察,并迅速采取果断措施,必要时依法使用武器。坚持控制为先、监视警戒原则,可以避免警察伤亡事故的发生,有效地制服嫌疑人。

三、程 序

(一) 辨别

现场查控的目的就是发现、识别、判定、控制各种嫌疑人,准确及时地发现、辨别被查控对象是进行现场查控的前提和基础。查控目标的来源一般有：通过群众举报或直接指认的人员；110报警台、公安指挥中心发出的指令、通报及情况反映描述的人员；公安机关内部的通缉、通报、协查通报或计算机网络追逃资料描述的人员；巡逻警察观察、发现的异常情况、可疑人及正在实施违法、犯罪活动的人员。警察要通过认真观察，分析判断，来确定被查控对象。根据《人民警察法》第9条规定，重点对被指控有犯罪行为的、有现场作案嫌疑的、有作案嫌疑身份不明的、携带的物品有可能是赃物的人员进行现场查控。无论通过什么观察方法，都应注意被查控对象的步伐、姿态、面貌特征、衣着服饰、体态、身高是否与获知情况相似或一致；身上有无血痕、擦痕或其他可能是作案留下的重要痕迹；查控目标的人数多少，相互距离大小，一起行动时的关系有无异常；面部表情和行为是否惊慌，有无敏感、躲避警察的心理和行为表现，紧张程度，双手动作有无异常；携带物品的种类、形状，是否可能有凶器、赃物；使用的交通工具的种类、特征，所载物品的性质、形状等情况。

（二）接近

确定查控目标后，根据案件具体情况及时间、地点、环境，灵活选择、确定接近查控目标的方式和控制目标的方法，确定具体的站位与职责分工。其一，发现被通缉、协查、通报的重大嫌疑人时，最好采取便衣伪装接近、尾随接近、驾车跟踪等接近方法，同时请求支援，在前方堵截，形成合围，选择适宜的地点、最佳位置，在目标没有防备时，突然实施抓捕控制。其二，对现场正在实施违法、犯罪行为的目标，要迅速出击，先使用警械或武器控制对方，然后谨慎接近，相互掩护上前实施抓捕；先上铐，后搜身，带离审查。如果现场有多名嫌疑人发现警察后四处逃窜时,根据保持绝对优势警力的原则,集中力量追击控制一个目标,报告指挥中心其他逃窜嫌疑人的体貌特征、逃窜方向,请求支援警力在前方进行堵截。其三,在巡逻中发现具有重大可疑的查控目标,只是可疑而不能完全确定就是嫌疑人,认为需要盘查时,一般采用公开正面阻拦方法接近被查控对象。控制时不能严词厉声,也不能出枪对人,但要保持高度警惕,与被查控对象保持在1.5~2米左右的安全距离,警察要侧身站立,带枪一侧在后,手放在枪柄上,眼睛注视对方双手、肩部和眼睛,做出随时准备拔枪的态势,从心理上给对方压力感,警告被查控对象不要有反抗的想法。

(三)拦截

警察接近被查控对象站位后,向其敬礼,告知:"我们是警察,现根据《中华人民共和国人民警察法》第9条规定,依法对你进行盘查,请予以配合。"或者简短告知:"警察,执行公务,请配合。"在紧急情况下来不及告知的,可先进行控制。

(四)站位

1. 侧应站位

负责盘问的警察正对盘查嫌疑人站立,负责监控的警察位于盘查对象的左侧或右侧。以一般人多用右手掏拿的习惯来看,站在对方右侧能及时控制其右手。

2. 前后站位

一种是前后站位,即两名警察一前一后将盘查目标夹在中间,呈前后夹击控制之势。位于目标正面的警察负责盘问、查验证件和对人身、物品的检查;后面警察负责掩护并监控被盘查目标的举动,距离目标约2米,两人前后站位可适当错开一定角度,以避免突发枪战时造成误伤。另一种是两侧夹控站位,即两名警察分别位于盘查对象左右两侧,根据持枪习惯,由其中一人对目标实施盘查,另一人担负监视、警戒与掩护,运用此方法时,两名警察同样应错开一定角度,避免误伤。

3. 三角站位

3名警察成三角形站位,将被盘查目标置于三角形中间,由目标正面的一名警察负责盘问和检查,其余两人负责监视、警戒与掩护。警戒的警察与进行盘查的警察间约成45度角,不能站在相对的位置上,以免遇到突发情况时产生误伤。

4. 弧形站位

3名警察在目标前方约2~3米处成弧线形站位,将目标置于弧线中间。由一名警察负责盘问、检查证件、人身、行李物品,一名警察监控被盘查目标,一名警察负责周围环境的警戒。

(五)人、物分离

在进行盘问、检查之前,首先令被查控对象将随身携带的包、箱、袋等物品放在其脚下,令其退后2~3米,同时警察保持站位队形随之向前移动,与被查控对象保持距离。在人物分离时注意观察被查控对象的表情和眼神是否有异常,注意其双手的动作,要让其将手从口袋内拿出来,伸开手指,放在能清楚看到的地方,防止其突然将携带的物品砸向警察或突然从包内拿出凶器、枪支、爆炸物、硫酸等袭警;在室内查控时,注意让被查控对象远离室内门窗、家具、其他可疑物品,防止有逃跑、自杀、自残、袭警等突发情况发生。

(六)盘问

盘问通常在警察确定被查控对象,选择恰当的查控时机和地点,并以适当的接近方式控制被查控对象之后与检查同时进行。盘问应重点查清四个方面的情况:一是查清被查控对象的身份；二是查清被查控对象的携带物品；三是查清同行人关系；四是查清可疑情况。在实际查控行动中，可以借鉴"十看十对"的方法，即看证件对姓名、看面貌对年龄、看举止对职业、看原籍对口音、看言行对学历、看衣着对身份、看物品对来由、看同伴对关系、看去向对方位、看神情对心态。

（七）检查

检查包括对被查控对象进行证件、人身、携带物品、使用交通工具和特定活动场所进行检查，是现场查控的重要组成部分。

1. 证件检查

证件是证明身份的重要依据，证件检查的目的就是判定证件本身的真伪、证件内容的真伪、证件内容与持有者关系的真伪，来确定被查控对象真实身份的真伪，发现嫌疑人。证件检查的方法是观察与触摸。"观察"主要是看证件规格与图像，观察特殊印记与暗记；"触摸"主要是摸证件质地，特殊凸凹图形，贴、剪、刮、改动痕迹。"人证对照"主要是对照证件照片形象与持证人是否相像或统一，证件所载内容与持证人陈述是否一致，持证人的几个证件是否矛盾、是否有效。具体做法是令被查控对象慢慢掏出证件，密切注视其动作；接证件时，应当后退至安全距离，眼睛始终注视着被查控对象；查验证件时，应将证件举至约同肩高，使证件与被查控对象同处于视野内。检查证件时检查人员必须注意持证人的动作反应，边查边问，注意安全防范，令被查控对象慢慢掏证件，防止其取证件时突然拿出凶器袭警。证件检查完，不要立即还给被查控对象，应在整个查控行动全部结束且没有发现疑点，认为可以放行时，最后还给被查控对象。

2. 人身检查

人身检查就是要及时发现、收集违法犯罪的痕迹物证，确认或排除违法犯罪嫌疑，及时收缴凶器、枪支、危险物品、违禁物品，以及各种作案工具，以防止嫌疑人突然袭警、自杀、自残。进行人身检查必须在确有必要情况下，选择适当地点，进行有效控制后，认真、仔细地检查。对于拒绝、不情愿配合的检查对象要沉着冷静，在语言上注意礼貌。对于女性嫌疑人要由女警察进行检查。人身检查在查控中最敏感，最易遭到投诉或发生袭警事件，因此要慎用人身检查。但下列情况必须进行人身检查：查获持有伪造证件、冒名顶替、企图蒙混过关的；被通缉、通报协查的；群众举报和指认，被警察抓获的；身上有血迹、可疑痕迹、创伤等重大嫌疑，形迹可疑的；严重可疑，需要带回继续盘问、留置的；不讲真实姓名、身份、住址的；非法携带枪支、管制刀具、攀登工具、撬盗工具的；携带危险物品、毒品、麻醉品、淫秽物品，拉载怀疑为走私、盗窃、抢劫的物品的。警察可根据实际情况对上述嫌疑人员先上铐，后进行人身检查。人身检查先腰部、后上身、再下身。先腹腰、裤袋，后腋下、背部，再腿部、鞋子。采用挤压触摸，掀起上衣下摆、卷起裤腿、取出鞋垫、翻起衣领等方法进行细致检查。对被查控对象进行人身检查，一般是在被检查人站立的情况下进行的。必要时，也可以根据需要令其跪地或卧地进行检查。采取的分工是主盘查警察负责进行检查，指挥员在被查控对象一侧协助检查，另一警察在后方 2~3 米处担任监控警戒。

（1）立姿无依托检查。

主盘查警察首先用枪控制住被查控对象，命令可疑人转过身去，背对警察，举起双手，双腿尽量叉开，脚跟高抬。主盘查警察谨慎接近被查控对象，注意观察其表情和肩部动作，由

第六章 实战战术运用

其侧后接近,左手按在其一肩部,将枪收于腰间。检查时,将一腿靠于盘查对象的一腿前,准备随时发力将其绊倒,此时将枪放回枪套,右手先检查被查控对象的腰部及裤袋,然后口腔,经后脖领向下,经腋下向下检查。上身查完后,再查下身。人身检查时,指挥员在被查控对象的右侧,持枪警戒控制,第三人在后方2~3米处监控警戒,注意观察周围人员是否可疑。

(2) 立姿贴墙检查。

当被查控对象处于较狭窄的街巷、场所或居室等环境下,可采取站立式贴墙检查方法进行检查。主盘查警察在其左侧,用枪控制住被查控对象,命令其面对墙壁站立,双脚尽量叉开并向后,脚跟抬起,身体紧贴墙上,眼看上方,双臂平伸展开,手心朝外翻;指挥员在被查控对象右侧用枪警戒控制,协助检查;第三人在后方2~3米处负责监控警戒。主盘查警察检查时用右脚钩住被查控对象左脚,使其处于稍有外力便失去平衡的状态,然后收枪用两手检查其腰部、裤袋、腋下、口腔、衣领、后背、裆部、下肢和鞋子。

(3) 跪姿检查。

主盘查警察持枪逼住被查控对象,命令其举起双手,向后转身,将小腿交叉跪地,双手十指交叉握紧,置于脑后。此时主盘查警察将枪收回,用力抓住被查控对象的手指向左扳动,暴露出其身体右侧,用右手挤压、触摸其右侧腰部、腋下及裤袋。查完右侧,换步换手,用同样的方法查其左侧。最后检查下肢和鞋子。指挥员在被查控对象的右侧,协助检查;警戒警察负责外围警戒和控制围观群众。

(4) 卧姿检查。

警察用枪控制住被查控对象,主盘查警察命令其双手抱头,转身背对警察单腿跪下,再跪下另一条腿,右手向前支撑,左手着地，趴卧在地上，双臂左右分开，手心朝上，双脚分开，脸朝左侧，主盘查警察持枪从被查控对象身体右侧面接近，注意观察其肩部动作，右脚踩住被查控对象右手腕部，将枪收回枪套，左膝跪住其腰部，先检查被查控对象前后腰部和裤袋，再检查左右腋下和前胸后背、口腔、衣领、裆部、下肢以及鞋子。指挥员在被查控对象的左侧后方，协助检查；警戒警察在后方2~3米处进行外围警戒。对于较为配合、愿意接受人身检查的，可以不出枪，作出随时拔枪的姿态，保持高度警惕。不要被查控对象的表现所麻痹，给其提供逃跑或袭警的机会。

3. 物品检查

嫌疑人大多利用箱包隐藏各种凶器或赃物等物品。因此，物品检查主要是对箱包的检查。对被查控对象的物品进行检查时，主盘查警察命令被查控对象将箱包放在指定位置，令其离开一段距离，由主盘查警察负责当面检查；指挥员此时负责控制被查控对象；监控警察主要负责外围监控警戒。严禁让嫌疑人自己打开携带物品。

（1）步骤。

查验物品应按一看、二听、三闻、四摸、五查看的顺序进行。看，就是看物品的形状、结构、包装、质地；听，就是听物品是否有声响，有什么声响；闻，就是闻一下物品的气味，有无异味；摸，就是摸一下物品的形状、材料、质地；查看，就是如何将箱包、物品打开。以上每一个环节，都要认真分析，作出判断。如果能够断定物品性质，就尽量不要拆开物品，以免破坏物品的性能，或破坏物品上的痕迹。

（2）要求。

轻开、慢拉，谨慎开启。开启箱包之前，仔细观察一下开启的方式，先轻轻挪动一下拉链、纽扣，看方法是否正确，以防将其损坏；同时，要注意拉链、纽扣上是否有机关，防止箱包内有爆炸装置。轻拿、轻放，顺序查验。对箱包内物品要轻拿、轻放，以防损坏；对有连线、有声响、有气味的物品，更要谨慎拿取；拿取物品时要从上往下顺序进行，不要掏底取物，更不能将箱包内东西反复上下翻动；对赃物、凶器，一定不要满把抓，尽可能用干净布垫手或戴手套轻取，或拿一般人不常动的地方，防止破坏违法犯罪痕迹。

(八) 特殊情况

盘问中发现前后回答矛盾的，内容明显夹杂谎言的，情节不清的，含糊其词不作回答的，有意答非所问回避问题的，自己无法回答或闭口不答的情况，要进行追问。查不清的或越查疑点越多，应果断带回继续盘问。情况搞清疑点排除的，应及时致歉，予以放行。

1. 拒绝盘查

在现场查控时被查控对象拒绝盘查，原因很多。有的确实没有任何问题，感到警察对其盘查是没事找事，故意找碴，在众人面前丢面子，从而产生抵触心理，拒绝盘查；有的可能是因其他事情心情不好，又遭到警察的阻拦盘查，产生逆反心理，拒绝盘查；有的是确有问题，但自认为警察不可能发现或知道，存有侥幸心理，企图蒙混过关；有的可能精神不正常，固执，拒绝盘查；有的可能对警察有误解，联合众人集体对抗警察，拒绝盘查。拒绝盘查的情况在实际工作中还有很多，因此，执行现场查控行动的警察要分析判断被查控对象拒绝盘查的原因，属于什么情况，然后采取相应的战术方法，达到查控目的。首先进行耐心说服教育，根据《人民警察法》第9条的规定，对被查控对象重申人民警察进行盘查是法律赋予的权力，公民接受盘查是义务，每个公民都应予以配合，同时还应告知拒绝和阻碍人民警察依法执行职务应承担的法律责任。对仍拒绝接受盘查的，可对其采取适当约束措施，将其带到适当的地点或就地在见证人的证明下实施检查。

2. 逃跑

在现场查控中被查控对象逃跑时，警察应当马上追击。追击时，在跑动中不要直接用手抓拉被查控对象的肩、手臂、衣服、背包等部位，这样很容易受到被查控对象的攻击，造成伤害。可在接近被查控对象时用脚踢或钩、绊等动作或者用警械击打嫌疑人的肩部或腿部使其跌倒。如果有多名被查控对象逃跑时，应当集中力量追击其中较易控制的查控对象，同时报告上级或指挥中心其他被查控对象逃跑的方向和基本特征，请求支援警力进行堵截或在附近地区进行重点查控。

3. 存在嫌疑

首先告知被查控对象情况可疑，需要到指定地点继续接受检查，并应服从警察命令。在到达指定地点之前要做到人物分离。如果是徒步带离，监控警察应在被查控对象左侧稍后 1.5~2 米的距离处，作出随时拔出枪的临战准备；如果上车，应让被查控对象先上车，将其夹在中间，警察要始终严密监视被查控对象，防止发生意外。

4. 重大嫌疑

（1）对重大嫌疑人盘查时，首先是拔枪控制，做到人物分离，先上铐后搜身、查物、查车。

（2）现行犯和确认的重大嫌疑人可采用擒敌技术突然将其控制并上铐、搜身。

（3）如果是 15 种严重暴力犯罪范畴之内的嫌疑人，经警告无效可以直接开枪进行射击。

（4）盘查时嫌疑人对警察突然袭击时，如果确认嫌疑人对警察人身将造成伤亡的，可鸣枪示警；鸣枪示警无效可开枪射击。但应避免在群众聚集场所和有危险物品的地方，以及其他规定不许使用枪支的情况下开枪射击。

第三节 抓捕战术

在抓捕实战中，警察经常面对重特大案件嫌疑人，此类人员常有三种表现，即暴力性、狡诈性和极端性。暴力性主要体现为敢于对抗警察，敢于采用各种手段对警察实施袭击；狡诈性主要体现在诡计多端，千方百计隐藏自身不法行为，企图逃避；极端性就是嫌疑人在与警察的对抗中，敢于赌博自身命运，负隅顽抗，不计代价。

一、战术要点

（一）控制

在所有的狭小空间处置行动中，都特别强调小组的集体行动。队伍中，每名警察的枪线覆盖范围既不能重叠又要能互相掩护。小组中每个人的瞄准区域都不大，角度比较小，角度越小，反应速度就越快，越能先发制人。如果人数不够的话每个人覆盖的角度也不要超过60°，在空间较大的地方或者是地形不熟悉的地方，要始终有人负责后方戒备。后卫警察一定要沉着，当前方发生战斗时嫌疑人也可能在后方出现，任何情况下警察都要坚守岗位。前方的警察要信任自己后方的掩护人员，小组警察的互相信任和默契有赖于平时的训练和养成。警察作战小组在实施狭小空间突击作战时，各警察往往成密集队形，手持武器隐蔽待机，加上突击时心情紧张、动作激烈，转身跨进房间的一刻，往往会有相互拥碰擦身的情况，若对枪口的指向缺乏警觉和训练期间没有建立默契，误伤队友的可能性将会很高，增加不必要的意外风险。警察在突击前，除了枪口严禁朝向队友及食指放在护圈外，还必须与即将发起的个人机动路线相配合。

（二）演练

妥善的行动计划，对各关键环节必须有充分的考虑和缜密的应变措施。没有两个战术形式是完全相同的，因此不能认为单靠以往经验就可避免计划出错。计划初步拟定后，不管时间如何紧迫，都应该找一处跟现场结构相似的建筑物，或用木板、纸板等简单物料搭建一个相同结构的空间，使行动计划在尽量切合实际战术环境下演练一次。这样不但有机会做仔细地观察和研讨、证实计划的可行性，找出漏洞和补救办法，更会使警察在演练中充分了解各自的职责和位置，降低出错的机会。

（三）沟通

一旦破门手展开行动，即意味着冲房战斗进入了不可逆转的关键阶段，为防止出现混乱和失误，必须在最后关头确认各警察均已做好充分准备。由于要保持隐蔽，且警察要紧盯着各自的警戒范围，加上可能光线昏暗，因此口令和手势都不适于使用。此时利用肢体接触传达确认信号，是最可靠的沟通方式。警察必须做好准备射击姿势；武器、弹药处于备战状态；警戒范围内没有威胁情况出现，才能回复准备就绪信号。前锋与破门手未收到确认信号，行动就不能开始。

二、战术要求

（一）充分准备

在查缉严重暴力嫌疑人时，指挥员必须依法依情周密部署用枪的战术行动方案，做好充分的准备，避免因枪支使用战术方法不当而造成行动的失误，具体包括如下。

1. 做好准备

在执行高度危险的任务时随时都有可能受到嫌疑人的暴力袭击，因此行动前应当做好使用枪支的物质准备和思想准备。第一，要了解本人所使用枪支的基本情况，检查枪支，保证其处于良好的状态，对自己所携带的子弹数量做到心中有数，并配备必要的防弹装备。第二，要在心理上做好使用枪支的充分准备，保持充分的警惕性，行动中随时准备出枪。遇有持枪反抗的嫌疑人，必须要先发制敌，果断处置。第三，要明确职责，做好缉捕、掩护、警戒、接应行动的分工和战术协调，明确参战的同伴，明确相互间的联络方式和暗号，对有外单位参战或相互不熟悉的人员，一定要事先见面或指定明显标记。第四，要实行现场枪支管制，统一指挥，统一号令，防止滥用枪支的情况出现，避免误伤。

2. 利用功能

警察使用枪支的最终目的是为了有效控制嫌疑人，不是为了歼灭对方。因此，根据行动目的，慎重选择枪支的使用功能，努力做到相机捕歼，取证留赃。

（二）利用掩体

在与嫌疑人发生枪战之前或枪战发生过程中，警察首先要以最短的时间找到合适的掩体来保障自身的安全并不断地运用掩体接近射击目标，并寻找最佳的射击位置，或不断地利用掩体撤离现场，如果移动过程中有其他警察配合，应该要求同伴配合移动，在必要时可用火力压制，掩护移动；在离开掩体时，要确认所需要寻找的下一个掩体位置及移动的路线，并检查枪支中是否还有弹药，选择最短的路线到达下一个掩体；在移动过程中，不要轻易采用滚动，因为滚动比跑移动速度要慢得多，很容易被嫌疑人击中。利用掩体射击时，要使用与掩体形状相适应的射击姿势。如果掩体是电线杆，警察应该侧身站立，才能将身体完全保护起来。在掩体后以持枪强手面为主要活动区域，尽量采取跪姿或立姿射击，避免使用卧姿或坐姿射击。利用掩体进行射击时要在掩体的侧面进行，而不是在掩体的上面进行射击，以减小身体暴露的面积。

（三）选择目标

1. 一名嫌疑人

如果嫌疑人只有一名，并开始实施暴力袭击警察的行为，或已出枪准备向警察射击时，任何一名警察在有效射击距离内都应果断向其开枪射击，终止其暴力行为。

2. 多名嫌疑人

警务战术的首要原则是要在力量对比上占有优势，因此，一般情况下，要尽量避免独自面对多个嫌疑人。但在万不得已独自面对多个嫌疑人的情形下，要注意遵守以下几个原则去选择首发射击的目标。

（1）选择构成威胁最大、最危险的目标。在紧急情况下，同一时间内，首发只可能会击中一个射击目标，因此必须选择对自己构成威胁最大、危险性最大的目标进行射击。如果有多个目标同时存在威胁，则按威胁大小的顺序依次选择射击。

（2）选择最明显的目标。如果与多个目标之间的距离相当，而有的目标在掩体后，有的目标则没有掩体，此时应该首发射击没有掩体保护的目标,这样解除其中一部分威胁的机率比较大,一旦成功地将首发目标击中,使其失去反抗能力,则可以迅速将注意力转移到其他目标。

(3) 选定射击目标后,应该尽可能采取利用掩体的方法进行瞄准射击。有的警察会因为现场气氛紧张,在心理压力极大的情况下出现恐慌情绪而做出不适当的反应。因此要尽量避免随意向射击目标的大概方向射击,同时利用一切条件观察目标所在准确位置,选择射击目标,瞄准后再射击。如果没有观察和瞄准,或没有理由,仅仅依靠掩体的保护想凭运气击中目标是不可取的,这样除了浪费子弹,还极有可能误伤其他人。

第四节 处突战术

突发事件是指发生突然,可能造成严重社会危害,需要采取应急处置措施的紧急事件。在我国,《中华人民共和国突发事件应对法》将突发事件界定为突然发生,造成或者可能造成严重社会危害,需要采取应急措施予以应对的自然灾害、事故灾难、公共卫生事件和社会安全事件。警察主要承担人质劫持、捕歼要犯的处置任务。

一、处置人质劫持事件

(一) 狙击战术的运用

1. 位置选择

警察狙击手在执行狙击任务时,对于位置的选择没必要像军队狙击手那样苛刻,就目前国内发生的一些劫持人质案例而言，警察在处置中始终占据主动位置，对于狙击点的选择可以有很大空间，在考虑选择狙击位置的时候应充分考虑两点因素，一是它为进行射击及观察提供最优良的效果；二是它为防止嫌疑人的发现提供最优良的隐蔽效果。此外，还应该遵循"就近、舒适、安全"的原则进行选择。

（1）就近原则。

众所周知，射击距离越近就越容易打中目标。因此在狙击点的选择上，在不被嫌疑人发现的前提下，应尽量靠近中心现场，在高度上略高于目标区但尽量不超过30度的俯角度，否则弹道会出现较大偏差。例如，在城市环境下，嫌疑人在三楼劫持人质，狙击点可以选择相近楼宇的四楼，这样就会有较大的视场，既可以方便观察现场情况，同时有利于进行射击。在野外或空旷地带，位置可选择在车顶、土包、大树等高于目标区的地方。

（2）舒适原则。

每个劫持人质案件的发生，都会有一个漫长的处置过程，指挥员会最先采取谈判专家对嫌疑人的心理开导等一系列和平处置的手段，只有在这些手段达不到效果的时候，才会派警察执行突入或狙击任务，这个过程肯定持续较长时间，狙击手在位置选择时也应充分考虑到舒适性的问题，尽量采用卧姿或坐姿的射击姿势，达到射击的最稳定状态。如果现场条件不足，可以尽量创造条件，哪怕花点时间从远处搬一张桌子也是值得的，绝对不能勉强凑合，一个人长时间处在一个不舒服的环境内，会极大地影响心理情绪，从而影响射击水平的发挥。

（3）安全原则。

一般而言，在警察狙击任务中，狙击手的安全是有保证的，毕竟目前国内发生的劫持人质案例当中，疑犯采用刀的情况比较多,针对这种危险等级较低的情况,在狙击点的选择上,主要考虑的是位置的牢固度、周围环境对自身的影响等此类的环境安全问题,而非嫌疑人对狙击手的伤害问题,但一旦出现嫌疑人携带枪支或爆炸物劫持人质的高危等级的情况时,除了考虑环境安全之外,还要充分考虑嫌疑人的危险。因此,除了自身要穿戴好必要的防护装备外,如果位置选择在建筑物内,就要靠近实体墙,而非木门、铝合金、空心墙等子弹容易穿透的掩蔽物后面。如果位置选择在车体旁时,从正面看,汽车的散热器和发动机能够提供极佳的防护,在侧面,发动机和传动齿轮也能提供很好的保护。另外,在注意掩蔽物的同时还要当心跳弹的情况,当子弹以小角度击中有弹性的地面或金属板,往往会发生跳弹。跳弹比正常袭来的子弹更可能击中你,因为子弹反弹后,防不胜防,如果需要利用容易发生跳弹的地形作为掩蔽时,必须注意狙击位的地方距离可能发生跳弹的截面至少要有 1.8 米的距离,这样才能将跳弹的威胁减少到最小。

2. 情报收集

专业的狙击手实际并不是一个孤胆英雄,而是一个由两名训练有素的狙击手组成的战斗小组,这两名狙击手各自担任不同的任务——一名狙击手(主射手)和一名观察员。狙击手负责对目标的瞄准和射击,而观察员则负责现场的观察、情报收集、汇报、测距、测风等任务,两个人的默契配合是完成任务的关键。狙击手选择的位置往往能最有利观察到现场嫌疑人员的一举一动,他好比现场指挥员的耳目,随时将观察到的现场情报,向指挥员提供全面而详细的报告,为指挥员的决策提供依据。一名合格观察员应特别注意观察中心现场的人、物的细微变化(特别是人的情绪),熟悉观察现场的地形的景况和特征,并善于对各种情况进行分析判断,不间断地仔细观察,及时正确地向指挥员报告情况。至于原本应承担的测距、测风等任务，由于警察狙击任务的特殊性，除了关注楼宇之间的横风和超过 150 米以上狙击距离等特殊情况外，可不必花很大的精力去应对。每次执行任务除了携带前述的武器之外，还必须携带一整套观瞄（日夜）设备及通讯设备，包括高倍率的观察镜、测距仪、夜视仪、对讲机（耳麦）等设备。同时，观察时应遵循的一般原则是：先概略，后仔细；先重点，后一般。特别是对可疑现象，应仔细观察，对收集到的情报及时认真分析。

3. 精准射击

头部被子弹击中才会即时死亡（即使击中心脏，中枪者仍然会存活 8~10 秒的时间），人的头部算是比较大的目标，但能够真正使得即时死亡的部分其实非常小，脑部控制运动反射神经的地方位于眼睛后面，其大小不足 6 厘米。换言之，狙击手实际所能瞄准的目标只有 6 厘米，再加上射击角度、子弹抛物线及后坐力的影响，要准确击中目标是相当有难度的，警察狙击手的工作目标就是"一枪毙敌"，任务的特殊性决定了狙击手的最后一击将直接影响处置结果的成功与否。

(二) 攻坚战术运用

1. 攻击准备阶段

首先按照 5 人或 7 人突击组将人员按前锋、掩护手、队长、破门手、后卫等职责划分编组。在攻击点和屯兵点之间的一个可作暂时停留的区域，根据封控组的方案制定行进路线。攻击方案制定中包括：近距离攻击、远距离狙击、近距离攻击加远距离狙击、使用其他特殊的技术和手段。人员接收组要随时准备实施接受劫持对象的投降和接收人质或其他人员工作，进行搜查、安置和移交。按照案情找到相似场景，根据行动方案进行模拟演练，根据既定的方案进行演练，在演练中根据发现的问题和更新的信息，及时调整、修改方案，重新演练，依此类推，反复进行。参与攻击的警察是方案的执行者，事关行动的成败，因此对于他们在演练中提出的问题，一定要设法予以解决。

2. 攻击执行阶段

警察要检查所有的武器装备、通信设备等。现场指挥部、警察指挥员、攻击组、狙击组等相关人员最后核对时间。当行动开始时，警察发现伤害人质的行为，申请攻击授权，现场指挥员下达攻击命令，警察立即进行攻击。

3. 善后处置阶段

向现场指挥部报告处置的情况，劫持对象伤亡情况、被捕情况、人质和警察的伤亡情况、武器装备使用情况、现场其他情况等。人员过滤时，随时准备实施接受劫持对象的投降和接收人质工作。要求劫持对象将所有武器留在现场，所有人必须空手离开现场。所有人从一个固定出口有序离开（先人质后劫持对象、先协从后主脑、先搜身后上铐），沿应急安全通道带人员至过滤区域。将有关工作移交相关部门，在事先方案中计划的地点集合，最后检查武器装备的使用情况和缺失、损坏情况。

二、捕歼要犯行动

捕歼要犯或恐怖分子战斗具有难度大、政策性强、环境复杂、联合行动、协同困难等特点。其战斗类型通常可分为对犯罪现场要犯或恐怖分子的处置、对潜逃中要犯或恐怖分子的处置和对被围困要犯或恐怖分子的处置三种。

(一) 对犯罪现场要犯的处置

担负突击任务时，通常可编成若干突击组、火力组、围控组和一个机动组，各分队警力根据敌情和地形情况灵活部署。突击组由战斗力最强的分队担任，按不同的攻击方向，配置在相应的攻击出发位置上，其任务是运用各种战术手段，直接捕捉或击毙捕歼对象；火力组通常由部分警力配备各种轻、重武器和特种警用器材编成，配置在便于实施火力支援的位置上，其任务是以火力掩护突击组的攻击行动和直接杀伤捕歼对象；围控组通常由一定警力编成，当围控范围较大，地形复杂时，也可由主要警力编成，配置在捕歼对象所在位置周围的重要道路、地段和制高点上，其任务是对捕歼对象实施严密包围控制，防止其突围逃跑，制止无关人员进入作战区域；机动组可以由少量警力编成，配置在便于机动的位置，担负机动支援任务和应付意外情况。

(二) 对潜逃中要犯的处置

选择好伏击地点和确定伏击部署后，指挥员应指挥各组进入预定位置，并进行必要的伪装，指挥员应亲自部署和检查重点地区的设伏情况，并向上级报告，然后隐蔽待击，并根据情况适时采取行动。当嫌疑人徒步逃入设伏区时，观察警戒人员应首先发出警告，令其缴械投降，若其拒捕抵抗，指挥员应指挥堵击组、侧击组迅速出击将其包围捕歼。当嫌疑人乘车进入设伏区时，指挥员应指挥警戒人员或堵击人员破坏其车辆，迫其投降，如嫌疑人依托其他地形顽抗，突击组、尾击组迅速将其包围，集中警力将其捕歼。当嫌疑人车辆紧随地方车辆进入设伏区时，指挥员应判明情况，令堵击组抓住战机，待地方车辆过去后，迅速将嫌疑人车辆破坏。指挥各级发起突然攻击，

第六章　实战战术运用

在嫌疑人立足未稳时将其捕歼。当嫌疑人发现警察行动，企图改变方向逃跑时，指挥员应果断处置，迅速指挥各组协调行动，包围嫌疑人，若地形受限或距离较远，一时无法达成合围，应命令尾击组追击逃犯，堵截组实施堵截，突击组、侧击组迅速由翼侧对嫌疑人实施攻击，力求将其合围捕歼，或在运动中捕歼。当嫌疑人乘车闯过设伏区域时，指挥员应立即组织实施追击，指挥堵截组迅速迂回到嫌疑人逃跑前方实施设卡，防止嫌疑人逃脱。

（三）对被围困要犯的处置

搜索是寻找发现隐藏的嫌疑人，并将其相机捕歼的战斗行动，通常是在警察已对捕歼地域实施了围控的情况下进行的。执行搜索行动时，指挥员应根据上级意图、嫌疑人活动情况、搜索区域地形、本组任务及警力部署等情况，在正确分析判断情况的基础上，合理部署警力，明确规定任务，周密组织协同。行动中应采取相应的队形和方法，实施严密、细致的搜索，灵活处置情况，及时发现和捕歼嫌疑人。

搜索时可以根据不同的地形和目标情况灵活运用不同的搜索方式。搜索方式主要有拉网式搜索、向心式搜索、分片式搜索、夹板式搜索、螺旋式搜索等。无论采用哪种搜索方式，搜索前，指挥员应判明嫌疑人可能隐藏的地点及潜逃的路线，必要时，可组织有关人员先进行现场勘察，然后结合任务和地形，明确任务和组织协同动作。其内容包括：本组的搜索地域及重点地段；搜索的队形及方法；派出的观察警戒的位置、主要观察方向和控制地段；围控组的配置；各组发现情况时的处置方法；各组之间的协同方法；搜索中的保障措施等。指挥员明确任务，组织协同动作后，应指挥各组迅速到达预定位置，成搜索队形展开，组织实施搜索行动。

第五节 遭遇战战术

遭遇战来源于军事术语,指的是敌对双方军队在运动中相遇发生的战斗,双方都力求用进攻行动歼敌于运动之中。遭遇战分预期遭遇战斗和不预期遭遇战斗两种情况,在警察执法过程中,是指警察在没有充分准备的情况下与嫌疑人之间突然间发生的对抗过程。遭遇战具有距离近、时间短、突发性强、可能会出现伤亡等特点。在盘查、抓捕、搜索、设卡等执法活动中都有可能出现遭遇战的情况。

一、要 点

(一)快速反应

常言说,短兵相接,快者胜。这说明了"快"在对抗中的重要地位,只有"快"才能取得胜利。警察在实战的防卫中也是如此,特别是近距离的出枪射击,只有快才能占据主动,有效实施。这主要体现在两个方面。一是"快"会转变防卫的被动性。警察在实战中是主动执法、被动防卫的,因为只要有警情都必须要出警,并且要及时进行处置,这是一种主动行为,而防卫则是警察在嫌疑人袭警反抗时,为保护自身安全而进行的自卫,是一种被动的行为,可见,警察在实战中要有效地进行防卫着实不易,必须要"快",方可由被动转为主动,利于取胜。如果警察防卫速度慢了或与嫌疑人袭击速度相同,必然处于极其被动的局面。二是"快"能在近距离内迅速控制对方。警察在实战防卫中,要对嫌疑人实施控制,方式多种多样,视情况的不同,通常会有语言、徒手、警械、枪支等,但无论是哪一种，最基本的要素就是要具备一定的力量、技能和速度。力量就是指所需的人力、物力；技能就是指控制所运用的各种技术动作和能力；速度就是要求人力、物力要及时到位，并及时通过各种技术方式运用到实战当中去，对所要控制的对象进行控制，三者之间在技能实施上是紧密相连的，缺一不可，否则控制技能就无法有效完成。

（二）有效沟通

如果战斗突然发生，遇上枪械故障、需要更换弹匣、与持枪嫌疑人面对面遭遇等情况发生的可能性便会大大增加，由于事出突然，且警察的战斗行动通常距嫌疑人较近，此时队友给予的及时掩护不仅至关重要，甚至关系到警察生死。因此小组警察间的互相火力支援是小组战术训练里重要的一环。对于战斗中传达这类要求支援的信息，作战分队在作战时都会预设一些暗号，避免采用明语沟通而让对手识破自己的窘境，如当一名警察发觉手中武器失灵而又不能立即找到掩护时，他会向身边队友喊出："红色！"意思是需要紧急火力掩护，以便他察看武器或暂时退出战斗，队友得悉后便要立即取代他的战斗位置。当警察修理好失灵的武器，便会喊出："绿色！"将重新投入战斗的信息通报给各队友。小组的成员除了要正确掌握基本战术和搜寻技巧外，更要互相建立起准确可靠的沟通方法与合作无间的关系，这一切固然有赖平时不断地认真演练和经验总结及探讨，但更重要的是个人必须有团队精神和互相信任。

（三）发挥火力

交叉火力是从两个以上方向射击同一目标的火力，是发扬火力的重要手段，利用己方优势火力，从两个或多个方向上，同时对嫌疑人展开攻击，形成交叉重叠的火网，使嫌疑人无暇作两边兼顾，即使有坚强的掩体来保护，仍无法伸出头来反击，施行交叉射击的一方从而达到火力压制之目的。小组警察在房间搜寻过程中，万一与嫌疑人相遇，会利用数量上的优势，迅速做出交叉射击的部署队形。面对小组警察的攻击，对手的反应必然是火速寻找掩护，一般房间内虽然存在许多阻挡视线的障碍物，但家具、装饰物不能抵御枪弹，因此交叉射击仍是有效的攻击手段。无论对手躲在掩护物的哪一侧来避过其中一方的警察攻击，都会不可避免地暴露在另一方警察的火线里，若直接靠在掩护物后方，则会同时受到两面的夹击。交叉射击有利亦有弊，如果缺乏适当安排，对警察及人质都会造成危险，交叉射击的火线角度切勿接近180°，这虽然可以最大限度地分散对手的注意力，但会在不觉间造成警察互相对峙射击的局面，任何一边的警察若未能击中对手，子弹便会误伤另一边的队友。交叉火力的运用通常主要有以下几种方式。

1. 扇面式交叉火力

即小组警察成弧线形站位，武器火线指向处于弧心位置的嫌疑人，对敌实施集火射击，构成扇面形状的火力网。这种方式通常在嫌疑人相对聚集在一起、小组已经对嫌疑人秘密形成半包围之势时采用，便于实现以面制点。

2. 斜切式交叉火力

即小组警察占据两个成一定角度的重要位置（角度应小于180度），对嫌疑人实施侧向交叉射击，令嫌疑人难以左右相顾的火力部署方式。侧向射击能够增大杀伤覆盖面积，适用于打击相对散乱的嫌疑人，同时秘密占领两个点状位置，比形成弧线形包围更容易实现，因此，斜切式交叉火力是最实用的方式。

3. 立体式交叉火力

即小组警察利用接近时的不同路径，从地下、地面、空中构成三维火力网，将嫌疑人罩于其中，令嫌疑人难以作出反应和对抗动作的火力部署方式。这种方式火力猛烈、隐蔽突然，适用于打击与人质分离的嫌疑人。但由于作战条件限制，可选择的火力点位置往往不以人的意志为转移，突击警察很可能彼此处于相对位置，因此在运用此方法时一定要避免误伤。

4. 移动式交叉火力

小组在对嫌疑人攻击时，为保存自己和有效追歼嫌疑人，通常不会固守一地，往往边射击边机动，运动中同样应注意实施交叉射击，这时就要采取移动式交叉火力部署。有两种方式可供参考：一是在原有交叉火力的基础上，向前平推或侧移，始终将火线的焦点集中在嫌疑人身上；二是多点跃进，不断重新组合或变换交叉火力点。这两种方式都有赖于小组成员间的默契配合与小组长的灵活指挥。

5. 互补式交叉火力

通常意义主要是指武器火线在空间上的交叉，即小组成员合理使用步枪、手枪、狙击枪，对嫌疑人形成远中近、高中低、打点和控面相结合的火力网。步枪射速快、威力大、容弹多，但转向慢、构成瞄准慢、受空间限制多；手枪小巧灵活、转向瞄准迅速，但威力小、射程近、精度低；狙击枪射程远、精度高，但不适合冲锋陷阵和狭小空间突击。因此，当嫌疑人既有散兵游勇，又有部分人同人质结合时，小组应当合理搭配火力的种类，实施互补式交叉射击，既打点又控面。

二、要 求

（一）沉着应对

人在惊慌状态下，在处理问题或应对事态时，容易出现思路不清或思维空白的现象，难以采取有效措施。警察在与嫌疑人近距离激烈对抗的情况下，危险时刻存在，随时都有可能受伤或牺牲，心理紧张确实难免，特别是在对抗中已受到伤害，出于对伤情的担忧，紧张的程度还会加强。如果此时警察不能保持冷静，沉着地进行防卫处置，势必会使自身的综合处置能力，观察发现问题、分析研判方案、定下处置决心、运用技战术动作等能力下降，如出枪速度慢、射击准确度差、控制牢固性不强、弹药使用把握不准等，从而使防卫力度不够，直接影响自身安全。

（二）把握时机

在实战中，准确地判断好现场情况和充分利用好每一个战机，对于警察近距离使用枪支进行防卫来说是非常关键的两个前提要素。因为没有准确的判断就没有明确的防卫方向，就无法把握防卫的重难点，就没有缓急之分，防卫就会在盲目中进行，难以取得实效；没有充分利用好战机，警察就难以得到有利的实战机会，防卫将无法实质性地展开，就难以扭转被动局面，抢占主动。如果警察在近距离用枪防卫中不考虑这两个要素，其采取的一切防卫措施都是不可靠的。

警察近距离用枪防卫现场的判断主要包括两个方面内容：一是嫌疑人情况，包括人数、使用凶器、继续行凶袭击能力、事态恶化的可能性等；二是现场情况，包括有无易燃易爆设施和物品、有无无辜群众、有无可利用掩护体等，因为警察是以服务为天职，一切的防卫行为都是在以保护广大人民群众生命财产安全的基础上进行的，千万不可只顾个人的安危而放弃群众安全，这是违背警察宗旨的。如果警察在近距离用枪进行防卫时，没有对现场的情况进行判断，就有可能伤及无辜，造成更大损失。

战机,从防卫的角度来看,就是警察实施防卫控制的切入点,能否及时、准确利用,关系到警察的安危,可以说是警察整个防卫过程的关键点和转折点。通常情况下,战机会在三种情况下出现:其一是嫌疑人在袭击警察的过程中,因自身因素突然中断袭击时,警察迅速抓住此机会进行防卫的瞬间,如嫌疑人移动摔倒时、低头时、转身时等;其二是嫌疑人在袭警行为间断的瞬间警察进行防卫,如嫌疑人持枪射击时,必然会有更换子弹的时候,用刀刺砍时,必然会有刺砍后回收重新发力的过程等;其三是警察根据现场的情况和嫌疑人的特性,通过人为方式,设法创造出来的战机,如把握风向,喷射刺激性气体,迫使对方无法睁开眼睛;枪战时,通过火力吸引,以取得迂回机会等。

(三) 战术合理

1. 牢记基本安全要素

警察在防卫的实战中,要确保安全,基本要素有三个,即距离、掩体和戒备。"距离",是指嫌疑人与警察之间彼此位置的远近,是警察安全的因素之一。距离近了,嫌疑人容易在短时间内采取多种方式攻击警察,而如果距离远了,嫌疑人袭击警察的难度就会加大,并且随着距离的不断拉远,难度也会成正比的增大。因此,距离拉大,对近距离用枪防卫的警察来说,会有两大好处,一是空间变大,利于施展各种技战术动作;二是反应时间增多,便于警察作出更多正确的应对决策,尽可能地把损失或危险降到最低。"掩体",是警察用于掩护的物体,如墙体、汽车、电线杆、粗大树干等,警察充分利用掩体能够降低受伤害的危险。"戒备",是警察利用各种装备进行警戒防备的一种状态,如徒手戒备,持枪戒备,三者之间力求同时进行,迅速进入临战状态。

2. 充分发挥自身优势

警察作为执法主体,自身拥有一定的优势。一是警察是一支训练有素的正规化、职业化的专门队伍,整体处置能力较强。二是警察配备有专门的实战装备,如枪支等,这可大大提高警察的应对能力。三是警察查缉行动的主动性较强,如装备投入、力量部署等都有较强的主动权。针对警察近距离用枪防卫来说,有效地发挥自身优势,是警察开展防卫的基础,是克敌制胜的关键。这主要从三个方面入手。一是要有效发挥枪支的威力,就是通过枪支的强大杀伤力来体现警察的强大力量,从而震慑嫌疑人,使其自动放弃反抗或恐于打击而终止袭击行为。二是要注重团队力量的整合,这是在警察近距离用枪防卫中发挥自身优势的重要途径之一。警察一定要通过加强沟通、紧密配合、增强协同等方式,最大限度地把每个参战警察的优特长融合在一起,使彼此之间能够取长补短,优化组合,成为整体,从而发挥其最大威力。三是充分做到有备无患,就是警察在行动前要充分预测危险,并做好相应准备,如枪支出现故障的应对准备、嫌疑人趁距离较近企图抢夺枪支的应对准备等,以取得行动上的准备优势。

3. 合理锁定处置目标

警察在实战中要开展防卫打击,一个必不可少的环节就是要合理锁定处置目标,这是警察有效精准打击的前提和基础。虽然警察近距离用枪防卫离目标不远,但同样需要合理锁定处置目标,才能使防卫更加准确有效。

4. 灵活采取防卫措施

警察在近距离用枪防卫时,一定要注意灵活应对,科学地采取防卫措施，特别是在用枪射击时，必须要根据现场不同情形，不断变化和运用不同的方法。情况确实紧急无法保证准确性的，警察要果断采取概略射击的方式进行还击，不能因为过于追求精确度而贻误战机。

参考文献

［1］周兴国，李国军. 警察战术与训练教程［M］. 北京：中国人民公安大学出版社，2003.

［2］王阮龙. 警察战术谋略［M］. 北京：中国人民公安大学出版社，2001.

［3］姚健. 警察战术［M］. 北京：中国人民公安大学出版社，2006.

［4］王勇. 警察战术学应用教程［M］. 北京：中国人民公安大学出版社，2002.

［5］陈鑫. 夜间警务技战术训练之我见［J］. 公安教育，2014（1）.

［6］李宁. 暗条件下的战术射击训练方法研究［J］. 北京警察学院学报，2018（6）：114-117.